संजीव कपूर की

सरल माइक्रोवेव कुकिंग

अल्योना कपूर के सहयोग से

पॉप्युलर प्रकाशन
www.popularprakashan.com

राजपाल

पॉप्युलर प्रकाशन प्रा. लि. द्वारा प्रकाशित
पॉप्युलर प्रकाशन प्रा. लि.
301, महालक्ष्मी चेंबर्स
22, भुलाभाई देसाई रोड
मुंबई 400 026

प्रथम प्रकाशन 2006
तृतीय पुनर्मुद्रण 2016

ISBN: 978-93-5064-007-4

बुक डिज़ाइन : उल्हास मोज़ेज़
छायाचित्र : मुकेश मुनीम

सह-प्रकाशक
राजपाल एण्ड सन्ज़
कश्मीरी गेट, दिल्ली - 110006
website: www.rajpalpublishing.com
e-mail : sales@rajpalpublishing.com

मुद्रण
रामा प्रिंटर
नई दिल्ली

समर्पण

मैं यह पुस्तक अपने माता-पिता को समर्पित करता हूँ
जिनके मूल्य और सिद्धांत मेरे लिए हमेशा प्रेरणा
और शक्ति का अभूतपूर्व स्रोत बने रहे।

आभार

ए.आई. काज़ी
अदिति मेहता
अफशीन पंजवानी
आनंद भांडीवाड
अनिल भंडारी
बृजेश लोहाणा
कैप्टन के.के. लोहाणा
डॉ. मीना और राम प्रभु
गणेश पेडणेकर
ग्रेन ऑफ सॉल्ट, कोलकाता
हरपाल सिंह सोखी
जयदीप चौबल
ज्योत्सना और मयूर द्विवेदी
ज्योति शुक्ला
लोहाणा खानदान
मेघना सामंत
मल्लिका शेट्टी
नम्रता और संजीव बहल
नीलिमा आचार्य
पूजा और राजीव कपूर
राजीव माटा
प्रीतपाल सिंह
रजनीश शर्मा
रुतिका समतानी
शिखा माटा
शिवानी गणेश
स्मिता भटकल
सुनित पुरंदरे
स्वप्ना शिंदे
द यलो चिली, जलंधर
द यलो चिली, लुधियाना
द यलो चिली, अमृतसर
द यलो चिली, दिल्ली
द यलो चिली, नोयडा
तृप्ती भगतजी
विनायक गावंडे

लेखक की बात

माइक्रोवेव कुकिंग से समय और मेहनत दोनों की बचत होती है और कोई भी धुआँ, चिकनाई और आँच के बिना बने भोजन के फायदों से इन्कार नहीं कर सकता। इससे आपकी रसोई हमेशा साफ -सुथरी और ठंडी रहती है जो अपने आप में अविश्वसनीय आनंद लगता है। आज की तेज भागती दुनिया में आपकी रसोई के लिए ऐसी पाक-विधियाँ प्रस्तुत करते हुए मुझे प्रसन्नता हो रही है जो झटपट तैयार हो सकती हैं।

माइक्रोवेव से खाना बनाने के बारे में दो विचारधारायें हैं - अनुभवी खाना पकाने वाले इस शंका से देखते हैं और जो अनुभवी नहीं हैं, वे असमंजस से। बहुत से लोग, जिनके पास माइक्रोवेव नहीं है, सोचते हैं कि माइक्रोवेव अवन मंहगा, विलासिता का साधन है। लेकिन जिन लोगों के पास यह है, उनके लिए इसके बिना काम करना मुश्किल है। साठ के दशक से इसकी माँग बढ़ने के बाद से इसकी डिज़ाइन और क्षमताओं में बहुत प्रगति हुई है। इतने प्रकार के माइक्रोवेव उपलब्ध हैं कि नौसिखिए और अनुभवी खाना पकाने वाले, दोनों अपनी-अपनी ज़रूरत के मुताबिक का माइक्रोवेव पा सकते हैं।

माइक्रोवेव अवन एक ऐसा उपकरण है, जिसे एक सच्चा -मित्र कहा जा सकता है क्योंकि यह आपके समय, मेहनत, ऊर्जा, खर्च और साफ- सफाई तक की बचत करता है। यह आजकल बहुत सी रसोई का मुख्य केन्द्र हो गया है। आज के व्यस्त जीवन में जहाँ समय बहुत कीमती है, वहाँ माइक्रोवेव एक वरदान है। अधिकांश महिलायें अपना कैरियर बनाने में व्यस्त हैं, उनके पास समय की कमी रहती है जिसके कारण वे विविध पकवान बना कर अपने परिवार को खुश और संतुष्ट नहीं कर सकती हैं। फिर भी, माइक्रोवेव अवन के बारे में मैंने कई भ्रांतियाँ पायी हैं। सबसे अधिक पूछे जाने वाले सवाल हैं- क्या हम इसमें भारतीय भोजन बना सकते हैं ? क्या इसमें केक बेक कर सकते हैं ? क्या इसमें (ग्रेवी) तरी बना सकते हैं ? इन सभी प्रश्नों का जवाब है, हाँ! आप ये सब इसमें बना सकते हैं। और विश्वास करिए, यह कुछ कठिन नहीं है। एक बार आप 'माइक्रोवेव भाषा' और पुस्तक में दिए गए 'सुझाव' समझ लें तो थोड़ी सी चतुराई से बेहद परंपरागत व्यंजन भी माइक्रोवेव में बनाए जा सकते हैं।

चाहे पॉप कार्न बनाना हो या छिलकेदार आलू, किसी नर्म हो गए व्यंजन को कुरकुरा करना हो, खाने-पीने की वस्तुएं गर्म करनी हों, सभी इसमें संभव है। मुझे यकीन है कि अधिकांश लोग इस बात से सहमत होंगे कि माइक्रोवेव अवन तकनीक का एक कमाल है। अब मेरे साथ आप आगे बढ़ें, और माइक्रोवेव कुकिंग की विविधता से परिचित हों। चाहे यह रोज़मर्रा की दाल हो, आयरिश कॉफी, स्मोकी फिश कबाब या वेजीटेबल इडली- सभी चीजें बनाना माइक्रोवेव द्वारा संभव है।

माइक्रोवेव से खाना बनाने की कला बहुत ही सरल है। इसकी कार्य प्रणाली एक बार समझ में आ जाए तो इससे कई लज़ीज और स्मरणीय भोजन तैयार किये जा सकते हैं। यह पुस्तक आपको माइक्रोवेव में खाना बनाने की तकनीक बताती है जिससे आप हर व्यंजन विधि के लिए उचित तथा आजमाई हुई विधि की मदद से बढ़िया परिणाम हासिल कर सकते हैं।

यद्यपि आज माइक्रोवेव अवन हर व्यस्त महिला के किचन में एक वरदान -स्वरूप है, लेकिन थोड़ी सी सावधानी और पूर्व जानकारी के बिना इसे इस्तेमाल किया जाए तो इसमें भोजन अधिक पकने या जलने की हद तक बर्बाद हो सकता है। एक और बात माइक्रोवेव अवन के नौसिखिए उपयोगकर्ताओं के डर का कारण

बन जाती है, खास कर पकाते वक्त विस्फोट। लेकिन अन्य बहुत सी समस्याओं के समान इसका समाधान भी है। इस पुस्तक में सुरक्षा और उपयोग के बारे में बहुत से निर्देश हैं और यह सब इसलिए किया गया है कि माइक्रोवेव कुकिंग आपके लिए आनंददायी अनुभव बन सके। इस पुस्तक के प्रारम्भ में आपके लिए खास तौर पर तैयार किए गए माइक्रोवेव कुकिंग के नोट्स ज़रूर पढ़िए जो आपके सभी संदेहों या पूर्वाग्रहों को दूर कर देंगे।

इसमें अच्छी बात यह भी है कि आप माइक्रोवेव पर खाना बनाने का मज़ा ले सकते हैं। सीटी मारें या गुनगुनायें, क्योंकि माइक्रोवेव कुकिंग कम मेहनत और सेहतमंद कुकिंग का तरीका है। माइक्रोवेव में प्रयोग से शायद आरंभ में सफलता न मिले, लेकिन हतोत्साहित न हों और प्रयास करते रहें। आपको इसका फल अवश्य मिलेगा। एक इसकी आदत पड़ जाने पर तो आपको आश्चर्य होगा कि इसके बिना आपका काम चलता कैसे था।

बहुत से लोगों की गलत धारणा है कि माइक्रोवेव खाना बनाने की सभी प्रक्रियाएं पूरी करता है। ईमानदारी से कहें तो नहीं, यह नहीं करता। उदाहरण के लिए, इसमें समोसा या डोसा नहीं पका सकते। इसमें आपको वह भूरी, सुनहरी, कुरकुरी पपड़ी भी नहीं मिलती। परन्तु, एक प्रेशर कुकर भी तो लज़ीज कबाब नहीं बना सकता है। इसी तरह गैस स्टोव की अपनी सीमाएं होती हैं, यह केक नहीं बेक कर सकता, आपको अवन की जरूरत पड़ेगी ही। इस प्रकार आप देखें कि माइक्रोवेव कितने ही तरीकों से आपके जीवन को सुखमय बनाता है, तो निश्चय ही इसके मूल्य की पाई-पाई वसूल हो जाती है।

बहुत से लोग मुझसे अक्सर पूछते हैं कि क्या माइक्रोवेव अवन में खाना बनाना सुरक्षित है? जाहिर है, वे कुकिंग के इस तरीके से संबंधित विवादास्पद खबरों के बारे में सोचते रहते हैं। फिर भी, अभी तक विकसित देशों तक में कुछ ऐसे शोध-परिणाम नहीं आ पाये हैं जो इस तरह के दावों की पुष्टि करते हों। विकसित देशों में बहुत से लोग अपने प्रतिदिन के भोजन के लिए माइक्रोवेव पर ही निर्भर रहते हैं। उल्टे, चूंकि इसमें खाना अपने ही रस में बनता है तो यह प्राकृतिक महक, रंग और स्वरूप से भरपूर होता है। खाना अधिक देर तक आंच पर नहीं रहता है तो उसके पोषक तत्व भी बने रहते हैं। इसके अलावा, माइक्रोवेव अवन नॉन-आयोनाइजिंग उपकरण हैं इसलिए इसमें भोजन के भौतिक और रासायनिक गुण नहीं बदलते हैं, सिर्फ इसे गर्म करते हैं। माइक्रोवेव ऊर्जा का सिर्फ दूसरा रूप है और पूरी तरह सुरक्षित है।

इस पुस्तक में खाना बनाने की सभी विधियाँ चार लोगों के अनुपात की हैं। अनुपात की मात्रा यह ध्यान में रख कर तय की गयी हैं कि वे ऐसे मेनू के अंग होंगे जिसमें अन्य सह व्यंजन होंगे और लोगों के समूह में बाँटे जाएंगे। ऐसे व्यंजन शामिल करने का भी ध्यान रखा गया है जो भोजन के आरंभ से लेकर अंत के मीठे तक को शामिल करें।

तो यह रही माइक्रोवेव कुकिंग, जो स्वाद और पोषण सुरक्षित रखती है और स्वस्थ रखती है आपको!

संजीव कपूर

विषय - सूची

अपने माइक्रोवेव को जानिए

सूप

स्टार्टर्स

सब्ज़ियाँ

चिकन

सी-फूड

अंडा

साथी व्यंजन

ब्रेड और चावल

मीठा

पेय पदार्थ

साथ में

माइक्रोवेव की मूल बातें

हालांकि माइक्रोवेव अवन बहुत सालों से चलन में हैं, फिर भी इसमें लोगों का विश्वास कम है और भ्रम की स्थिति अधिक है, चाहे वे अनुभवी पाककला विशेषज्ञ हो, या कोई नौसिखिया, या गृहिणी। यह तथ्य मानना पड़ेगा कि पहली नज़र में कुकिंग की यह इतनी आसान तकनीक नहीं लगती, खास कर यह देखते हुए कि हम परंपरागत खाना पकाने के तरीकों पर अड़े रहते हैं। आइए हम आपको कुछ मूल सिद्धांत बताएं और आप तैयार हो जाएंगे नए रास्ते पर चलने के लिए और आप कम झंझटिया तरीके से, तेजी से खाना बनाने का आनंद उठाएंगे और साथ ही भोजन की प्राकृतिक अच्छाई बनाए रखेंगे।

माइक्रोवेव अवन में एक मेग्नेट्रान ट्यूब होती है, जो कि इलेक्ट्रिकल एनर्जी को हाई फ्रीक्वेंसी की माइक्रोवव्स में परिवर्तित कर देती है। ये–

- धातु की सतह से परावर्तित होती है इसलिए अवन के केबिन में सुरक्षित रहती है। इसी कारण माइक्रोवेव अवन में खाना रखने के लिए धातु के पात्र उपयोग में नहीं लाये जाते हैं।

- किसी पदार्थ को परिवर्तित किए बिना उससे निकल जाती हैं। यह चायना, काँच, पॉटरी या लकड़ी के पात्र आदि को गर्म किए बिना उनसे गुज़र जाती हैं। इसीलिए उपयोग किये जाने पर ये पात्र माइक्रोवेव में गर्म नहीं होते। ये सिर्फ भोजन की गर्मी पाकर गर्म होते हैं।

- ये अवशोषित हो जाती हैं। ये भोजन की नमी में अवशोषित हो जाती हैं जिससे भोजन के कण तेजी से कंपित होते हैं। इस कंपन से भोजन के कणों में घर्षण होता है और इससे तीव्र ऊष्मा उत्पन्न होती है जो भोजन पका देती है। भोजन के कणों के कंपन होने की दर प्रति सेकंड कई खरब होती है जो माइक्रोवेव कुकिंग की गति निर्धारित करती है ।

कॉम्बिनेशन माइक्रोवेव अवन में माइक्रोवेव ऊर्जा और परंपरागत अवन ऊर्जा के एक साथ उपयोग से खाना पकता है। यद्यपि चाहें तो इन्हें सिर्फ माइक्रोवेव से, सिर्फ कन्वेक्शन अवन से या एक साथ या ग्रिल के साथ भी उपयोग में ला सकते हैं। आमतौर पर सादे कॉम्बिनेशन अवन में कम से कम तीन प्रकार से भोजन पकाने के तरीके होते हैं।

- **सिर्फ माइक्रोवेव:** इस तरीके को आप अकेले ठीक उसी तरह प्रयोग कर सकते हैं जैसे कि साधारण माइक्रोवेव अवन को। इसमें विभिन्न प्रकार के सूप, भाप में पकी फिश डिशेज़, सब्जियां, फल, चावल, पास्ता, दालें, स्टीम पुडिंग, सॉस और अंडे आदि बढ़िया पकते हैं।

- **सिर्फ कनवेक्शन :** यह कुकिंग उसी तरह की है जैसी कि आम अवन की। लेकिन कुछ मामलों में यह 'फैन असिस्टेड' या 'टर्बो चार्ज्ड' हो सकती है। इसका तापक्रम आमतौर पर सौ डिग्री सेंटीग्रेड से दो सौ पचास डिग्री सेंटीग्रेड तक नियंत्रित रहता है। इसका उपयोग छोटे केक बनाने, बिस्किट, मेरांग, पेस्ट्री और छोटे, कुरकुरे पेस्ट्री के आइटम बनाने में किया जाता है।

- **कॉम्बीनेशन :** इसमें माइक्रोवेव अवन और कनवेक्शन अवन एक साथ काम करते हैं जिससे भोजन जल्दी बनता है, साथ ही पारम्परिक भूरापन और कुरकुरापन बना रहता है। इसमें एक साथ माइक्रोवेव की ऊर्जा और

ठंडी शुरुआत के बाद अंदर घूमती गर्म हवा मिलती है। माइक्रोवेव की ऊर्जा तेजी से भोजन पकाती है, जबकि गर्म हवा बेक हुआ, भूरा या भुना हुआ स्वरूप देती है। इसका उपयोग माँस के छोटे और बड़े टुकड़े पकाने में, अंडे, मछली को साबुत या टुकड़े पकाने में, वेजीटेबल ग्रॉटिन, पेस्ट्री पाई, मीठी और नमकीन पेस्ट्री डिशेज़, हॉट पुडिंग, केक, ब्रेड और टी-ब्रेड और लासान्या जैसे ब्राउन पास्ता डिशेज बनाने में होता है।

कॉम्बीनेशन माइक्रोवेव अवन थोड़े खर्चीले ज़रूर होते हैं और इनमें आम माइक्रोवेव अवन की अपेक्षा अधिक ऊर्जा की ज़रूरत पड़ती है। परन्तु इसमें भोजन का रसीलापन बरकरार रखते हुए भूरा और कुरकुरापन लाया जा सकता है, बेक किया जा सकता है और कई व्यंजन पकाने हों तो पकाने की गति तेज की जा सकती है।

कॉम्बीनेशन माइक्रोवेव अवन विभिन्न प्रकार से काम करता है। आप इसे हजार वाट पर साधारण माइक्रोवेव की तरह उपयोग कर सकते हैं। कनवेक्शन अवन की रेंज सौ डिग्री से दो सौ पचास डिग्री सें.ग्रे.तक होती है, पहले से गर्म करने की सुविधा, क्यूब हीटर (टॉप-बॉटम रीयर)और साथ ही कनवेक्शन फैन होता है। अधिकतर ग्रिल सिस्टम तीन प्रकारों में पाया जाता है। ग्रिल (टॉप), जो ब्राउनिंग ग्रिल भी कहलाता है। ग्रिल (बॉटम), यह क्रिस्पी ग्रिल कहलाता है और ग्रिल (टॉप-बॉटम) जो डबल ग्रिल कहलाता है। टॉप का उपयोग ब्राउनिंग में (जैसे-कबाब), चीज़ को पिघलाने में होता है। बॉटम का उपयोग चीजों को कुरकुरा बनाने में होता है (जैसे-पिज़्ज़ा बेस)। टॉप और बॉटम का उपयोग चीजों को कुरकुरा और साथ ही साथ भूरी सतह वाला (जैसे-पिज़्ज़ा) बनाने में किया जाता है।

इसके अलावा आप कॉम्बी प्रकार का उपयोग कर सकते हैं। यह आमतौर पर उपयोग में आता है:

१. कनवेक्शन + माइक्रोवेव

२. कनवेक्शन + ग्रिल (बॉटम) + माइक्रोवेव

३. कनवेक्शन + ग्रिल (टॉप एंड बॉटम)

४. ग्रिल (टॉप) + माइक्रोवेव और

५. ग्रिल (टॉप एंड बॉटम) + माइक्रोवेव

जैसा व्यंजन हो, उसके अनुसार आप सही तरीका अपनाए। यह आप अनुभव के साथ सीखेंगे। कॉम्बी प्रकार में २८०० ऊर्जा खपत होती है।

आपकी भोजन की आवश्यकता और उपलब्ध जगह के अनुसार उपयुक्त आकार और पावर का अवन चुनिए। माइक्रोवेव आमतौर पर ०.४ क्यूबिक फीट से १.८ क्यूबिक फीट और पांच सौ वाट से ग्यारह सौ वाट तक आते हैं। यदि माइक्रोवेव का उपयोग केवल कॉफी गर्म करने, पॉप कार्न बनाने, फ्रोजन फूड की डी- फ्रॉस्टिंग करने या बचे हुए भोजन (बासी भोजन) को गर्म करने के लिए ही करना है, तो इसकी एक छोटी इकाई ही पर्याप्त होगी। अधिक मात्रा में भोजन बनाने या बड़े परिवार के लिए आपको शायद बड़े अवन की आवश्यकता पड़ेगी। अधिक वाट पर खाना अधिक जल्दी पकता है। माइक्रोवेव रेसिपीस सामान्यत: इस प्रकार लिखी जाती हैं जिनमें लगभगआठ सौ वाट पावर उपयोग में आता है। इससे आप यह आजमा सकते हैं कि आपकी पंसद का भोजन कितने समय में बनेगा। बड़े, पर कम उर्ज़ावाले माइक्रोवेव बड़ी दिक्कत देते हैं।

अधिकतर माइक्रोवेव ओवन में बनी-बनायी टर्न टेबल होती है। ध्यान रखें कि टर्न टेबल डिश का उपलब्ध आकार

कम कर देता है। 'स्टरर' माइक्रोवेव ऊर्जा को बिखेरता है जिससे खाना समान तरह से पकता है। एक उपयोगी सुविधा यह होती है कि आप टर्नटेबल को 'ऑन' या 'ऑफ' कर सकते है ताकि बड़ी मात्रा में व्यंजन पकाये जा सकें।

आजकल लगभग सभी माइक्रोवेव में रोटरी डायल की जगह टच पैड कन्ट्रोल काम में लाया जाने लगा है। माइक्रोचिप के आम इस्तेमाल की बदौलत कई माइक्रोवेव अवन बहुउपयोगी कार्यों के लिए तैयार किये जा सकते हैं। जैसे - निश्चित समय पर खाना पकना आरंभ करना, पावर स्तर तय करना या कई चरणों में कुकिंग की सुविधा।

अधिकांश माइक्रोवेव में घड़ी होती है जो या तो वास्तविक समय दिखाती है या भोजन बनने का समय। कभी- कभी अतिरिक्त सुविधाएं भी दी जाती हैं जैसे कि स्वत: डिफ्रॉस्ट और स्वत: पुन: गर्म जो भोजन के वजन और प्रकार के मुताबिक स्वचालित रूप से समय और ताप नियंत्रित कर देते हैं , एक्स्ट्रा किचन टाइमर, पॉपकार्न या पेय पदार्थ के लिए 'वन टच बटन', और 'वन-मोर-मिनट-बटन' जो समय बढ़ाते हैं लेकिन बाकी सेटिंग्स नहीं बदलते। 'हाई एंड यूनिट' ताप और नमी संवेदकों की सुविधा देता है जो 'आवर कुकिंग' को रोक सकता है।

उम्मीद है कि यह सब आपको अपने माइक्रोवेव अवन का अधिकतम उपयोग करने में मदद करेगा।

भ्रम और तथ्य

माइक्रोवेव इस्तेमाल करें, या न करें? यहां कुछ तथ्य दिये गये हैं जो माइक्रोवेव से खाना पकाने और परंपरागत खाना पकाने के तरीके की तुलना करते है।

भ्रम	तथ्य
माइक्रोवेव सिर्फ भोजन को दुबारा गर्म करने के लिए ही अच्छा है।	सभी प्रकार के शाकाहारी और माँसाहारी भोजन पकाने के अलावा, माइक्रोवेव अवन डी-फ्रॉस्टिंग, उबालने, बेक करने, री-हीटिंग करने के लिए उपयोगी है।
माइक्रोवेव में बना भोजन उतना स्वादिष्ट नहीं होता जितना कि परंपरागत रूप से पकाने पर होता है।	इसके विपरीत माइक्रोवेव में भोजन अपनी नमी के द्वारा पकता है जिसके परिणामस्वरूप उसकी प्राकृतिक महक, रंग, रूप बना रहता है।
भारतीय भोजन माइक्रोवेव पर नहीं बनाये जा सकते हैं।	माइक्रोवेव में भारतीय भोजन आसानी से बनाये जा सकते हैं। जैसे-इडली, बिरयानी, खीर, करी, कबाब और आप जो भी चाहे बना सकते हैं।
माइक्रोवेव अवन से रेडियेशन निकलता है जो स्वास्थ्य के लिए हानिकारक है और इससे कैंसर जैसी गंभीर बीमारी हो सकती है।	माइक्रोवेव अवन नॉन- आयोनाइजिंग उपकरण है, यह भोजन का भौतिक और रासायनिक स्वरूप नहीं बदलता है बल्कि सिर्फ गर्म करता है। माइक्रोवेव्स भोजन में पूरी तरह अवशोषित हो जाती हैं। इससे भोजन पकने/ फिर से गर्म होने में मदद मिलती है। इसमें भोजन के कणों और माइक्रोवेव तरंगो के बीच घर्षण होता है जिससे ऊर्जा उत्पन्न होती है। माइक्रोवेव तरंगे पूरी तरह ऊर्जा में बदल जाती हैं और भोजन में उनका कोई अंश नहीं बचता है। माइक्रोवेव्स ऊर्जा का सिर्फ दूसरा रूप हैं और पूरी तरह सुरक्षित हैं।
माइक्रोवेव अवन चलाना महंगा पड़ता है।	यद्यपि बिजली की कीमत हर जगह अलग-अलग होती है, लेकिन आम तौर पर देखा गया है कि माइक्रोवेव अवन का नियमित इस्तेमाल का खर्च खाना पकाने के

	परंपरागत साधनों जैसे गैस आदि के बराबर ही पड़ता है। इसके अलावा, परंपरागत खाना पकाने के मुकाबले माइक्रोवेव कुर्किंग में बहुत कम तेल, मसाले लगते हैं इसलिए खर्च तो कम होता ही है।
माइक्रोवेव अवन चलाना बड़ी मुश्किल का काम है।	माइक्रोवेव अवन चलाना बहुत आसान है। ज़रूरत सिर्फ थोड़े अभ्यास की है। यह इतना आसान है कि इसे बच्चे एवं बूढ़े सभी आसानी से उपयोग कर सकते हैं।

माइक्रोवेव अवन के लिए सामान

यहां माइक्रोवेव में भोजन बनाने के लिए लगने वाले बर्तनों की तालिका दी जा रही है। और इसके लिए आपके गैरज़रूरी शॉपिंग करने की ज़रूरत नहीं। तो आगे पढिये...

माइक्रोवेव ओवन में माइक्रो तरंगें कंटेनर में-से होकर भोजन में पहुंचती हैं और इस तरह भोजन पकता है। ये तरंगें कई पदार्थो से होकर गुजर सकती हैं, परंतु धातु से नहीं। ये तरंगें आसानी से अधिकांश तरह के प्लास्टिक, कागज, कांच और कोई भी पॉटरी या चायना (बिना धातु कोटिंग, पेन्ट या ग्लेज़ वाला) के बने बर्तनों से गुजर जाती हैं। साधारण अवन की तुलना में माइक्रोवेव अवन में इस्तेमाल किये जा सकने वाले सामानों की श्रेणी लंबी-चौड़ी है।

- कम ताप की आवश्यकता वाला कम भोजन बनाने के लिये पेपर कुकवेयर, प्लास्टिक कुकवेयर, ग्रीज़ प्रूफ पेपर, एब्जॉरबेंट किचन पेपर, कागज और कपड़े के नैपकिन तथा महीन चायना का उपयोग कर सकते हैं।
- अधिक ताप की आवश्यकता वाला अधिक मात्रा का भोजन बनाने के लिए हीट प्रूफ ग्लासवेयर या माइक्रोवेव कुकवेयर खरीदना उचित होता है। सिरेमिक के बर्तन भी उपयोग में ला सकते हैं परंतु यह ध्यान रखें कि इनके किनारे धातु के नहीं हों अन्यथा इनसे बिजली टकरा सकती है। बहुत अधिक मात्रा में वसा और शक्कर वाला भोजन काँच के बर्तनों में नहीं बनाना चाहिए। इसके अलावा ये साधारण तरीके से उपयोग में लाए जा सकते हैं।
- माइक्रोवेव पॉलीथिन बैग और माइक्रोवेव – सेफ क्लिंग फिल्म भी साधारण उपयोग के लिए अच्छी हैं लेकिन इन्हें उपयोग के बाद फेंक देना चाहिए।

टिप्पणी

माइक्रोवेव अवन में मेलामाइन इस्तेमाल नहीं करें। यह इतनी अधिक माइक्रोवेव ऊर्जा शोषित कर लेता है कि उससे वस्तुएं जल जाती हैं और फिर ठीक नहीं की जा सकतीं। पेपर टॉवेल और कार्डबोर्ड का इस्तेमाल किया जा सकता है लेकिन उनमें कोई स्टेपल पिन नहीं लगा होना चाहिए। लकड़ी के सामान भी माइक्रोवेव में उपयोग में लाये जा सकते हैं परन्तु लम्बे समय तक नहीं।

कन्टेनर का आकार

यह एक ध्यान में रखने योग्य बात है। भोजन में द्रव्य की मात्रा के अनुसार भोजन जिस बर्तन में पकायें, वह आधा या तीन -चौथाई तक ही भरा रहना चाहिये। यदि बर्तन बहुत छोटा होगा तो भोजन बाहर गिरेगा और यदि भोजन की तुलना में बर्तन बड़ा होगा तो करी या तरी अधिक फैलेगी और भोजन अधिक पक जायेगा। इसके विपरीत उथले बर्तन में खाना जल्दी पकता है। केक, चिकन, मीट, और चावल के व्यंजन बड़े तले के बर्तन में अच्छे से बनते हैं, जबकि सब्जी और तरी वाले व्यंजनों के लिये गोल बर्तन उपयुक्त होते हैं। कोई भी भोजन जिसे माइक्रोवेव में

उबालने की आवश्यकता होती है, जैसे पास्ता, चावल, जैम, कुछ सूप या कैसरोल्स आदि को रोसी डिश में रखना चाहिये जो भोजन की मात्रा से बहुत बड़ी हो। इससे भोजन को डिश के किनारों पर ऊपर उठने का मौका मिलेगा (और यह उठता ही है!) परन्तु यह डिश से बाहर नहीं गिरेगा और अवन को भी नुकसान नहीं होगा।

माइक्रोवेव में इस्तेमाल के लिये मिट्टी एवं चीनी मिट्टी के बर्तन की जाँच

धातु की चमक हमेशा दिखाई नहीं देती। किसी डिज़ाइन में सोने की लकीर देखना आसान होता है लेकिन पॉटरी की चमक में कई धातुएं मिली रहती हैं जो अलग-अलग रंग देती हैं , जैसे कि लाल, नीले, हरे और भूरे। आमतौर पर किसी रंगीन चमक वाले बर्तन में धातु की मात्रा समस्या खड़ी करने जितनी नहीं होती है लेकिन कभी-कभी मिट्टी के बर्तनों में आयरन की मात्रा होती है, अधिकतर गहरे रंग के या चित्तेदार मिट्टी के बर्तनों में, जो नुकसान पहुँचाती है। आपके पास जो बर्तन है वह माइक्रोवेव के लिए उचित है या नहीं यह जांच करने के लिये खाली डिश को 'हाई' पर साठ सेकंड तक रखें। यदि डिश अधिक गुनगुना या गर्म हो जाता है तो इसमें धातु की मात्रा अधिक होती है और इसे माइक्रोवेव में उपयोग नहीं करना चाहिये। माइक्रोवेव में बिना भोजन या पानी रखे साठ सेकंड से ज्यादा ऑन नहीं छोड़ना चाहिये। इससे तरंगें मैग्नेट्रॉन पर वापस पलट जाती हैं और इसे जला सकती हैं।

कबाब बनाने के लकड़ी का हैंडल वाले धातु के सींकचों को माइक्रोवेव में इस्तेमाल किया जा सकता है बशर्ते भोजन कस कर बंद रहे और धातु का कोई हिस्सा खुला न रहे। वैसे धातु के सींकचों के बजाय लकड़ी के सींकचें ही लें तो ज़्यादा बेहतर है।

माइक्रोवेव कुकिंग की लोकप्रियता जैसे-जैसे बढ़ती जा रही है वैसे-वैसे कई निर्माता अब अलग-अलग रेंज के विशेष माइक्रोवेव कुकवेयर बना रहे हैं। ये आम तौर पर सेरेमिक ग्लास या थर्मोप्लास्टिक के बने होते हैं। ये साधारण अवन में भी काम आ सकते हैं यद्यपि थर्मोप्लास्टिक कुकवेयर सिर्फ कुछ निश्चित मध्यम तापमान तक ही उपयोग किये जा सकते हैं। सामान्य बर्तनों से लेकर अब विशेष व्यंजनों के लिए भी बर्तन बनाए जाने लगे हैं। जैसे-केक मोल्ड, एग पोचर, स्टीमर, इडली-मेकर, ऑमलेट-मेकर, माइक्रोवेव सॉस पैन! आर्थिक रूप से बचत के लिए अच्छा है कि आप ऐसे बर्तन खरीदें जो फ्रीजर में भी रखे जा सकें। यानी आप उन्हीं बर्तनों में पकाएं, उन्हीं में परोसें और उन्हीं में बचा खाना भी रख दें।

बाजार में क्या उपलब्ध है

बाजार में उपलब्ध कुछ माइक्रोवेव सामान हैं:–

डिस्पोज़ल कुक वेयर: प्लास्टिक, पॉलीथिन, ट्रीटेड पेपर बोर्ड, ग्रीज़ प्रूफ पेपर, माइक्रोवेव सेफ-क्लिंग फिल्म आदि।

ब्राउनिंग डिशेज़: इस प्रकार के सामान ग्लास सिरेमिक पदार्थ के बने होते हैं। इनमें विशेष प्रकार की कोटिंग होती है, जो माइक्रोवेव एनर्जी को आकर्षित और शोषित करती है। इसके संपर्क में आने वाला भोजन ज्यादा ऊष्मा ग्रहण करता है और उस में भूरापन आता है।

माइक्रोवेव प्रेशर कुकर: इस प्रकार के कुकर में खाना बनाने का समय पैंतीस प्रतिशत कम हो जाता है। यह भोजन हल्के प्रेशर में पकाता है जिससे भोजन की नमी और पोषक तत्व बने रहते हैं।

स्टीमर बास्केट: यह फैल कर कई प्रकार के बर्तनों में फिट हो जाती है। भोजन को स्टीमिंग के लिए पानी के स्तर से ऊपर उठा देती है।

माइक्रोवेव स्प्लैटर स्क्रीन: यह सॉस और सूप के उद्दलाव को नियंत्रित रखने के काम आती है जिससे भाप विशेष डिजाईन के ग्रिड से बाहर निकल जाती है।

माइक्रोवेव पटेटो बेकर: एक ऐसा उपकरण जिसमें आलूओं को गोल घेरे में तथा ऐसे कोण पर रखा जाता है जिससे अधिक माइक्रोवेव एनर्जी मिले और उसका अवशोषण समान रूप से हो।

माइक्रोवेव कुकिंग पाउच होल्डर: यह फ्रोजन फूड को माइक्रोवेव में सुरक्षा पूर्वक पकाने के लिए होता है। पाउच के ऊपरी सिरे पर छिद्र करना याद रखें।

माइक्रोवेव चमचा, फेंटनी, चम्मच: माइक्रोवेव में खाना बनाते समय ये अवन कैविटी में छोड़े जा सकते हैं। ध्यान रहे कि ये अवन की दीवार या छत से टकरा कर घूमते की किसी प्रक्रिया में बाधा न पहुँचाएं।

माइक्रोवेव स्टैकिंग रिंग्स और शेल्फ ऑर्गनाइजर: थर्मोप्लास्टिक रिंग और शेल्फ का उपयोग खाना पकाने या गर्म करते समय प्लेट और बर्तनों को एक-दूसरे से अलग रखने में किया जाता है। इससे अवन केविटी का अधिकतम उपयोग हो पाता है।

कुछ विशेष चीजें

इन दिनों फूड इंडस्ट्रीज जमा हुआ या ठंडे भोजन के लिए विशेष माइक्रोवेव पैकैजिंग विकसित कर रही है। आप देख सकते हैं कि आपके आस-पास के डिर्पाटमेन्टल स्टोर और किराना दुकानों में अब सिर्फ माइक्रोवेव में गर्म किये जाने वाले विशेष माइक्रोवेव चिप्स, पिज़्ज़ा, पॉपकार्न और मिश्रण-लगी सामग्रियाँ होती हैं। इनमें विशेष पैकिंग होती है जो माइक्रोवेव ऊर्जा को सक्रिय कर और उपयोग में लाकर विशेष गर्म करने का असर डालती है।

कॉम्बीनेशन और कनवेक्शन:

कॉम्बीमोड में ऐसे बर्तन इस्तेमाल करना बेहतर होता है जो ग्लास और सिरेमिक की बनी हों जबकि सिर्फ कन्वेक्शन के लिए धातु के कुक वेयर पूरे भरोसे के साथ उपयोग में लाए जा सकते हैं।

अक्सर पूछे जाने वाले सवाल

सवाल पूछना अच्छा होता है क्योंकि वे लगभग सभी समस्याओं का जवाब होते हैं। यहां पर कुछ अक्सर पूछे जाने वाले सवाल दिये गये हैं जो आपकी कठिनाइयों को हल कर देंगे!

समय का ख्याल रखें

माइक्रोवेव अवन में कोई परंपरागत व्यंजन बनाते समय मैं समय का आकलन कैसे करूँ?

परंपरागत समय के मुकाबले माइक्रोवेव में अधिकांश व्यंजन पकने में एक -चौथाई से एक-तिहाई तक कुकिंग समय लेते हैं। यदि शंका हो तो हमेशा समय कम करके आंकें, परिणाम देखें और फिर ज़रूरत लगे तो पकाना जारी रखें। ज्यादा भोजन के लिए ज्यादा समय लगेगा। यदि रेसिपी दोगुनी कर रहे हों तो समय को आधा और बढ़ा दें और परिणाम की जाँच कर लें।

ढंककर खाना बनाना सुरक्षित है

माइक्रोवेव में खाना बनाते समय उसे ढंकना चाहिये या नहीं ?

भोजन ढंक कर पकाइए, उन्हीं कारणों से जिनसे परंपरागत रूप से पकाते समय ढंका जाता है। इससे भोजन जल्दी पकता है , नर्म होने में सहायता मिलती है और नमी बनी रहती है। ज़्यादा तरल पदार्थ वाले भोजन, जैसे सूप, आदि को पकाते समय छिद्रदार ढक्कन का उपयोग करें जिसमें छिद्र हों ताकि भाप निकल सके और द्रव्य उफन कर बाहर न गिरे। आप 'क्लिंग फिल्म' को भी कवर के लिए इस्तेमाल कर सकते हैं। इसके ऊपर चारों ओर छिद्र करना मत भूलियेगा। सॉस वाले भोजन को ढंक कर पकाते समय वही असर पड़ेगा जो माँस या अंडे आदि पकाते समय ढंकने से पड़ता है। केक या क्रम्बल्स वाले भोजन को नहीं ढंकिए। और न ही ऐसे भोजन को जो जल्दी पक जाते हैं जैसे कि स्क्रैम्बल्ड एग या ऐसे भोजन जिन्हें बार-बार चलाना पड़ता है, जैसे कि सॉस और कस्टर्ड ।

चलाने से खाना जल्दी पकता है

भोजन पकाते समय उसे बीच-बीच में चलाना ज़रूरी है?

माइक्रोवेव में डिश में रखा भोजन किनारे की तरफ जल्दी पकता है, बनिस्बत मध्य के भोजन से। इसलिए भोजन को चलाने से पकने की गति बढ़ जाती है और खाना समान रूप से पकता है। खास कर स्क्रैम्बल्ड एग और सॉस को ज़्यादा चला कर पकाना पड़ता है।

भोजन को पलटना जरूरी है

भोजन को माइक्रोवेव में पकाते समय व्यवस्थित करते रहने और पलटने से समान रूप से पकता है।

जब हम बड़े आइटम पकाते, गर्म करते, या पिघलाते हैं, जैसे कि साबुत चिकन, तब इसे इसके उल्टे भाग को ऊपर रखें। बीच में एक बार पलटें। भोजन को व्यवस्थित करते रहना ज़रूरी है क्योंकि टर्नटेबल या डिश के बाहरी किनारों पर रखे भोजन को आमतौर पर अधिक एनर्जी मिलती है, इसलिए मोटे या बड़े भाग को बाहर की तरफ रखना चाहिये। जो भोजन चलाया नहीं जा सकता उसे व्यवस्थित करते रहना ज़रूरी है क्योंकि इससे भोजन का स्थान बदलता है और समान रूप से पकने को बढ़ावा मिलता है। भोजन को डिश के मध्य से बाहर की तरफ और बाहर से मध्य की ओर बदलते रहें।

एक के ऊपर एक रखना (स्टैकिंग) सहायक होता है

कुछ लोग समय बचाने के लिए कंटेनर एक के ऊपर एक रख देते हैं। क्या ऐसा करना सही है?

जब हम भोजन को चपटी ऊपरी सतह वाले कंटेनरों में पुन: गर्म करते हैं तब इन्हें एक के ऊपर एक रख सकते हैं। या प्लेट में परोसा भोजन ठोस ढक्कन के साथ या ऐसी प्लेटें जो रिंग के द्वारा अलग-अलग एक के उपर एक रखी जा सकती हों। एक समान रूप से गर्म करने के लिये प्लेट या कंटेनर को इस तरह व्यवस्थित करें जिससे मोटी भोजन सामग्री, जैसे कि छिलकेदार आलू समान रूप से स्टैक में बंटे हों। यानी अगर निचली प्लेट (या कंटेनर) पर आलू हों तो उनके विपरीत ओर ऊपरी प्लेट (या कंटेनर) में भी आलू हों। अच्छे परिणाम के लिए दो से ज्यादा प्लेट या कंटेनर न रखें।

भोजन को गरम रखना आसान है

यह देखा गया है कि माइक्रोवेव पर बना भोजन पारंपरिक तरीके से बने भोजन की अपेक्षा जल्दी ठंडा होता है। क्यों? और बर्तनों को किस तरह गर्म रखा जाए?

माइक्रोवेव पर बना भोजन पारंपरिक तरीके से बने भोजन की अपेक्षा जल्दी ठंडा होता है क्योंकि परंपरागत कुकिंग में बर्तन पहले गर्म होता है, फिर यह ताप भोजन में जाता है। जबकि माइक्रोवेव में भोजन पकने की प्रक्रिया विपरीत होती है। माइक्रोवेव में भोजन पकने का समय कम रहता है तो बर्तन गर्म नहीं होता और थोड़ी देर रखे रहने के बाद भोजन जल्दी ठंडा हो जाता है। इसके बचने के कुछ सरल तरीके हैं, जैसे कि बर्तन को बास्केट में या दो तहों वाले कैसरोल में रखें, या माइक्रोवेविंग के बाद रंगबिरंगे नैपकिन में लपेट कर रखें।

एल्युमिनियम पन्नी से भोजन नहीं ढंकें

एल्युमिनियम पन्नी (फॉइल) से माइक्रोवेव में भोजन को ढंक कर रखना वर्जित है। क्यों ?

माइक्रावेव की तरंग अधिकांश पदार्थो से होकर गुजर जाती हैं जैसे कि चायना, काँच, प्लास्टिक और कागज। ये धातु से नहीं गुजर सकती और परावर्तित हो जातीं हैं। इसलिए सलाह दी जाती है कि एल्युमिनियम पन्नी का उपयोग नहीं किया जाये क्योंकि इससे स्पार्किंग हो सकती है और माइक्रोवेव की दीवार को नुकसान पहुँच सकता है। माइक्रोवेव से बाहर भोजन को गर्म रखने के लिए पन्नी अत्यंत उपयोगी है, लेकिन पन्नी में लिपटा या ढका हुआ भोजन कभी भी माइक्रोवेव में वापस नहीं पहुँचना चाहिए। भोजन का छोटा सा ही भाग, जिसके जलने का डर हो, बहुत कम देर के लिए पन्नी से ढंका जा सकता है।

'स्टैंडिंग टाइम' क्या है

क्या रेसिपी में दिये गये स्टैंडिंग टाइम पर ध्यान देना महत्वपूर्ण है ?

हाँ, स्टैंडिंग टाइम ध्यान में रखना आवश्यक है क्योंकि इससे भोजन अच्छा पकने में मदद मिलती है! जब भोजन आवश्यक समय के बाद पक चुका होता है (और अवन अपने-आप बंद हो चुका होता है) तब भी भोजन में समाहित ऊर्जा इसे पकाती रहती है। इस 'अतिरिक्त ऊर्जा' से भोजन ज्यादा न पक जाए इसके लिए कुछ मिनटों का स्टैंडिंग टाइम दिया जाता है। अधिकांश बार यह सिर्फ दो से तीन मिनट होता है परंतु कभी-कभी बड़े केक बेक करने तथा भूनने के लिए यह पंद्रह मिनट भी होता है। भूनने के मामले में पन्नी में रखने के बाद यह स्टैंडिंग टाइम गुजारना अधिक बेहतर होता है।

माइक्रोवेव के नुस्खे

अपने माइक्रोवेव अवन को ज्यादा असरदार एवं कुशल साधन बनाने के लिए कुछ बढ़िया नुस्खे।

- गर्म माइक्रोवेव भोजन का ढक्कन हमेशा अपने से दूर की ओर उठाएं ताकि भाप से झुलसने का खतरा न रहे।
- हर्ब को रखने के लिये सुखाना हो तो डंठल या शाखा को पेपर टॉवेल के बीच में रखकर माइक्रोवेव में तब तक रखें, जब तक हर्ब सूखकर चूरा होने लायक न हो जाये।
- बादाम के छिलके उतारने के लिये एक कप पानी को दो-तीन मिनट तक 'हाई' (१००%) पर उबालें। इसमें बादाम डालें, 'हाई' (१००%) पर एक मिनट तक पकायें फिर पानी निकाल दें।अब आसानी से बादाम के छिलके उतार सकते हैं।
- नारियल भूनने के लिये प्लेट पर एकसमान पर्त फैला दें एवं 'मीडियम' (७० %) पर एक मिनट तक गर्म करें। बीच में दो बार कांटे से चलाएं। ठंडा करके हवाबंद जार में रख लें।
- नट्स को रोस्ट करने के लिये इन्हें नमक या स्वादानुसार अन्य मसाले लगाकर एक सिरेमिक प्लेट पर फैला दें और आवश्यकतानुसार इसे 'हाई' (१००%) पर दो मिनट तक पकायें। इस बीच इसे दो बार चलायें और अधिक भूरा न होने दें। यह ठंडा होकर गहरे रंग का हो जायेगा। पाँच मिनट बाद परोसें।
- पापड़ को सेंकने के लिये उसके दोनों तरफ हल्का सा तेल लगाकर 'हाई' (१००%) पर तीस सेकंड तक पकायें।
- बिस्किट्स, नट्स, चिप्स को कुरकुरा बनाने के लिये एक प्लेट पर रखकर 'हाई' (१००%) पर एक मिनट तक पकायें और पाँच मिनट तक इसी तरह रहने दें।
- ब्रेड्स, रोल्स, केक को गर्म और ताज़ा करने के लिए इन्हें पेपर टॉवेल में लपेट कर 'हाई' (१००%) पर पंद्रह से बीस सेकंड तक गर्म करें।
- चपाती को गर्म करने व ताज़ी करने के लिये नैपकिन या पेपर टॉवेल में लपेट कर 'हाई' (१००%) पर तीस सेकंड तक गर्म करें।
- टॉपिंग एवं कोटिंग के लिये ब्रेड का चूरा बनाने के लिये ब्रेड के चौकोर टुकड़े करें और माइक्रोवेव में 'हाई' (१००%) पर पाँच मिनट तक रखें। फिर इसे पाँच मिनट तक इसी तरह रहने दें। ठंडा करके इसे ब्लेंडर या फूड प्रोसेसर में चूरा करके रख लें।
- यदि आप रात में दाल, मूंग, मसूर, बीन्स भिगोना भूल गये हैं तो निराश होने की जरूरत नहीं। एक बड़े कटोरे में पानी में डुबोकर, 'हाई' (१००%) पर दस मिनट तक, उबलने तक गर्म करें। दालों को दो मिनट और उबलने दें और फिर इन्हें एक घंटा इसी प्रकार रहने दें। दालें जल्दी पक जायेंगी।
- टमाटरों के छिलके आसानी से उतारने के लिये एक कटोरे में एक कप पानी डालकर, 'हाई' (१००%) पर बिना ढंके दो-तीन मिनट, या उबलने तक रखें। फिर इसे ठंडे पानी के कटोरे में डालें। छिलका उतार लें।

- आलू पकाने के लिये डिश में आधा पानी भरकर आलू रखें और 'हाई' (१००%) पर ढंककर पांच मिनट तक पकायें। फिर इसे पांच मिनट तक इसी तरह रहने दें। पानी निकालें, ठंडा करें, छील लें। यदि आपको सिर्फ एक-दो आलुओं की आवश्यकता है, तो आप इन्हें बिना पानी के भी पका सकते हैं।
- ब्रेड, केक और पेस्ट्री शेल्स के नीचे हवा ठीक से चारों ओर पहुँचे, इसके लिये इन चीजों को रैक या उल्टे सॉसर पर रखें, ताकि इन चीजों का बेस एक समान पक जाये।
- हमेशा खाना बनाते समय थोड़ा कम पकाएं क्योंकि माइक्रोवेव अवन में पका खाना 'स्टैंडिंग टाइम' के दौरान थोड़ा और पकता है। स्टैंडिंग टाइम वह समय है, जब डिश को ढंक कर खाना पकाना खत्म करने के लिए रखा जाता है और इस दौरान बची हुई ऊष्मा या ताप द्वारा पकने की प्रकिया पूरी हो जाती है।
- आलू, सासॅज जैसे भोजन को चाकू या कांटे जैसी नुकीली चीज से छेद कर रखना चाहिये, ताकि ये भाप से फूटें नहीं।
- पकने के दौरान भोजन से जो अतिरिक्त द्रव्य निकलता है वह भोजन पकने की गति को धीमा कर सकता है क्योंकि यह माइक्रोवेव एनर्जी को अवशोषित कर लेता है। इसलिये पकाने के दौरान अतिरिक्त तरल पदार्थ को निकाल लेना चाहिये और आवश्यकता पड़ने पर वापस मिला दें।
- समान रूप से कुकिंग के लिए भोजन को एक गोल घेरे में व्यवस्थित करके रखें ताकि उन्हें समान मात्रा में उर्जा मिलती रहे।
- यदि भोज्य पदार्थ समान आकार के नहीं हैं तो, मोटे या बड़े आकार के आइटम को किनारे की ओर रखना चाहिये, जहां उन्हें अधिक ऊर्जा प्राप्त हो सके।
- समान पकने के लिये जहां तक हो सके भोजन को गोलाकार बर्तन में बनाना चाहिये।
- अधिक सघन भोजन, पकने में, अधिक समय लेता है।
- भोजन पकने का समय, भोजन की मात्रा पर निर्भर करता है। यदि भोजन की मात्रा अधिक है तो पकने का समय भी अधिक लगेगा।
- पानी की अपेक्षा उच्च वसा एवं शक्कर युक्त भोजन जल्दी पक जाते हैं क्योंकि वसा एवं शक्कर माइक्रोवेव ऊर्जा को जल्दी शोषित कर लेते हैं।
- भोजन को फिर से गर्म करते वक्त उस पर ढक्कन लगाकर रखें, ताकि उसकी नमी बनी रहे। सूखे पदार्थ को पेपर टॉवेल में मोड़कर रखें, जिससे वह लिजलिजा ना हो। गर्म करने के बाद भोजन को निकालने से पहले माइक्रोवेव में कुछ देर रखे रहने दें।
- माइक्रोवेव अवन में अंडे को नहीं उबालना चाहिये। उबले हुए अंडों के छिलके छीलने के बाद भी उन्हें माइक्रोवेव में दुबारा गर्म नहीं करना चाहिये। पोचिंग, स्टीमिंग, फ्राईंग आदि के लिए अंडे को फोड़कर उसके पीले भाग को छेद कर पकाएं।
- जब भी आप कॉम्बीनेशन मोड का उपयोग करें तो हाथों में ग्लव्स जरूर पहनें क्योंकि इसमें रखे बर्तन काफी गर्म हो जाते हैं।

संजीव कपूर की सरल माइक्रोवेव कुकिंग

मिनिस्ट्रोन सूप

सामग्री

गाजर	१ मध्यम आकार की	ताज़ी बेसिल पत्तियाँ (या तुलसी)	१०-१२
आलू	१ मध्यम आकार का	टमाटर	४ मध्यम आकार के
ज़्यूकिनी	१ मध्यम आकार की	तेल	१ १/२ बड़ा चम्मच
लहसुन	४-६ कलियां	वेजीटेबल स्टॉक*	३ कप
प्याज़	१ मध्यम आकार का	टमाटर प्युरी	१/२ कप
हरा मटर (छिली)	१/४ कप	मैकरोनी	२ बड़े चम्मच
सेलरी	१ इंच का डंठल	नमक	स्वादानुसार
लीक	१/२ डंठल	कुटी हुई सफेद मिर्च	१/२ छोटा चम्मच
फ्रेंच बीन्स	३-४	पॉरमेज़ां चीज़(कसा हुआ)	१/२ कप

विधि

१. गाजर, आलू और ज़्यूकिनी छील कर धोएं और एक सेंटीमीटर के चौकोर टुकड़ों में काट लें।लहसुन-प्याज़ छील कर धोएं, टुकड़े कर लें। हरे मटर धो लें।

२. सेलरी और लीक धो कर एक सेंटीमीटर के टुकड़ों में काट लें। फ्रेंच बीन्स के रेशे निकाल कर धो लें और एक-एक सेंटीमीटर के टुकड़े कर लें। बेसिल के आधे पत्ते धोकर मोटा-मोटा काट लें।

३. टमाटरों के ऊपरी हिस्से पर पैने चाकू से केवल सतही तौर पर काटने का निशान बना दें। एक गहरे माइक्रोवेव कटोरे में पर्याप्त पानी गर्म करें, 'हाई' (१०० %)पर रख कर दो मिनट के लिए टमाटर डालें और तुरंत निकाल कर ठंडे पानी के कटोरे में डाल दें। टमाटरों का छिलका छील लें और आधा काट कर बीज निकाल दें। इन टुकड़ों को और भी छोटे, आधा इंच के टुकड़ों में काट लें।

४. किसी बड़े माइक्रोवेव कटोरे में तीन मिनट तक 'मीडियम' (७०%) पर तेल गर्म करें (संभव हो तो ऑलिव ऑयल)। निकाल कर लहसुन, प्याज़, गाजर, लीक और सेलरी डालें और छह मिनट तक 'हाई' (१००%) पर रखें। बीच-बीच में चलाते रहें।।

५. इसमें फ्रेंच बीन्स, ज़्यूकिनी, आलू, हरा मटर और टमाटर मिलाएं। बेसिल के बचे हुए ताज़ा पत्ते हाथ से तोड़ कर मिलाएं, वेजीटेबल स्टॉक मिला कर 'हाई' (१००%) पर आठ मिनट तक रखें। मैकरोनी, नमक और कुटी सफेद मिर्च मिलाएं, ढक कर 'हाई' (१००%) पर पाँच मिनट तक पकाएं।

६. बेसिल की ताज़ा पत्तियों के लंबे टुकड़ों और कसे हुए पॉरमेज़ां चीज़ से सजा कर गर्मागर्म परोसें।

टिप्पणी

*वेजीटेबल स्टॉक की विधि के लिए पृष्ठ १२४ देखें।

सुझाव

लीक की जगह आप हरा प्याज़ इस्तेमाल में ला सकते हैं।

बादाम सूप व बाग की सब्ज़ियाँ

सामग्री

ब्रोकोली .... ¼ छोटे आकार की
गाजर .... १ मध्यम आकार की
हरे प्याज २
ताज़े मशरूम ५-६
लेट्यूस ३-४
लहसुन .... ३ कलियां
कॉर्न के दाने .... ¼ कप
ताज़ी बेसिल पत्ती (या तुलसी) ४
बादाम २०-२५
तेल .... १ बड़ा चम्मच
वेजीटेबल स्टॉक* .... ४ कप
नमक .... स्वादानुसार
थाईम .... १ चुटकी
सोया सॉस .... १ छोटा चम्मच

विधि

१. ब्रोकोली धोकर मध्यम आकार के टुकड़ों में काट लें। गाजर छील कर धो लें, आधे इंच के चौकोर टुकड़ों में क़ाट लें। हरे प्याज और उनकी चार-पाँच पत्तियाँ धोकर काट लें। मशरूम धोकर स्लाइस कर लें। लेट्यूस धोकर बारीक काट लें। लहसुन छीलकर काट लें। कॉर्न के दाने धो लें। बेसिल पत्ती धोकर काट लें।

२. एक कटोरे में पर्याप्त पानी और बादाम डालकर माइक्रोवेव में 'हाई' (१०० %) पर तीन मिनट के लिए रखें। पानी निकाल कर बादाम छील लें तथा स्लाइस कर अलग रख लें। छोटे टुकड़ो में काट लें।

३. एक गहरे कैसरोल में तेल, गाजर, वेजीटेबल स्टॉक, हरे प्याज, लहसुन, कॉर्न दाने, नमक और बादाम की कतरनें डालें एवं माइक्रोवेव में 'हाई' (१०० %) ताप पर सात मिनट तक पकायें।

४. ब्रोकोली, मशरूम, हरे प्याज की पत्तियाँ, थाईम, बेसिल पत्ती और सोया सॉस मिला कर माइक्रोवेव में 'हाई' (१०० %) पर पाँच मिनट तक पकायें।

५. गर्मागर्म परोसें।

टिप्पणी
*वेजीटेबल स्टॉक की विधि के लिए पृष्ठ १२४ देखें।

ताज़ा टमाटर का सूप

सामग्री

टमाटर	८ मध्यम आकार के	तेल	१/२ बड़ा चम्मच
लहसुन	६ कलियां	मक्खन	१ बड़ा चम्मच
गाजर	१ साधारण आकार की	तेज पत्ता	१
सेलेरी	२ इंच का डंठल	नमक	स्वादानुसार
प्याज	१ मध्यम आकार का	शक्कर	१ छोटा चम्मच
पार्सले	कुछ डंठल	क्रीम	१/४ कप
काली मिर्च	४-६ दाने	ब्रेड के टुकड़े (सिकें हुए)	१२-१६

विधि

१. टमाटर धोकर एक चौथाई हिस्सों में काट लें। लहसुन छीलकर, धोकर काट लें। गाजर छील कर, धोकर छोटे गोल टुकड़ों में काट लें। सेलेरी धोकर काट लें। प्याज छीलकर, धोकर टुकड़ों में काट लें। पार्सले धोकर काट लें। काली मिर्च दरदरी कूट लें।

२. एक बड़े माइक्रोवेव कटोरे में तेल, मक्खन,प्याज,गाजर,सेलेरी,तेज पत्ता,लहसुन डालकर माइक्रोवेव में 'हाई' (१०० %) पर पांच मिनट तक पकायें।

३. कटे टमाटर,नमक,शक्कर और तीन कप पानी डालकर ढंक दें और माइक्रोवेव में 'हाई' (१०० %) पर पच्चीस मिनट तक पकायें।

४. थोड़ा ठंडा करके ब्लेंडर में पीस लें। कुटी हुई काली मिर्च डालकर फिर से माइक्रोवेव में 'हाई' (१०० %) पर पाँच मिनट तक पकायें।

५. क्रीम मिलाएं और कटी हुई पार्सले से सजा कर ब्रेड-टुकड़ों के साथ गर्मागर्म परोसें।

टिप्पणी

ब्रेड के सिकें हुए टुकड़े बनाने के लिए दो ब्रेड स्लाइस को आधा इंच आकार के चौकोर टुकड़ों में काटें, माइक्रोवेव प्लेट में 'हाई' (१०० %) पर दस मिनट तक पकाएं। इसे कॉम्बी ओवन में भी इसी प्रकार ग्रिल कर सकते हैं।

टॉम यम कुंग

सामग्री

झींगा (प्रॉन्स) .... २० छोटे आकार के
मशरूम ५-६
ताज़ी धनिया पत्ती........................ कुछ डंठल
हरी या ताज़ी लाल मिर्च............................४
लेमन ग्रास .... ४ इंच का टुकड़ा
नीबू की पत्तियाँ ६
नमक .... स्वादानुसार
फिश सॉस .... २ बड़े चम्मच
थाई रेड करी पेस्ट* .... २ छोटे चम्मच
नींबू का रस .... ३ बड़े चम्मच

विधि

१. झींगे के सिर और कवच अलग करें, नसें निकाल कर अच्छे से धो लें।

२. मशरूम धो कर, साफ कर, टुकड़ों में काट लें। धनिया पत्ती को धोकर, साफ कर, काट लें। मिर्चियों के डंठल तोड़ कर धो लें। लेमन ग्रास और नींबू की पत्तियाँ को धो लें।

३. एक माइक्रोवेव कटोरे में झींगे के सिर और कवच चार से पाँच कप पानी में डालें। लेमन ग्रास,दो नीबू की पत्तियाँ, दो हरी (या लाल) मिर्च कुचल कर डालें। नमक मिलाएं, ढंककर, पंद्रह मिनट तक माइक्रोवेव में 'हाई' (१०० %) पर पकायें।

४. बची हुई मिर्चियों के टुकड़ों को बारीक, गोल काट कर सजाने के लिए रख लें।

५. एक बड़े माइक्रोवेव कैसरोल में स्टॉक, कटे मशरूम और झींगे डालकर ढक दें और माइक्रोवेव में 'मीडियम' (७० %) पर आठ मिनट तक या प्रान्स को गुलाबी होने तक हल्के-हल्के पकाएं।

६. फिश सॉस मिलाएं, रेड करी पेस्ट और नींबू का रस डाल कर सूप को तीखा और चटपटा बनाएं।

७. एक सर्विंग बाउल में डाल कर हरी या ताज़ी लाल मिर्च के छल्लों और नींबू की साबुत पत्तियों से सजायें और गर्मागर्म परोसें।

टिप्पणी

*रेड करी पेस्ट की विधि के लिए पृष्ठ ८२ देखें (रेड करी सॉस में प्रॉन्स)।

चिकन शोरबा

सामग्री

चिकन (बोनलेस)	१०० ग्राम	तेल	१ बड़ा चम्मच
प्याज	१ मध्यम आकार का	जीरा दाना	१/२ छोटा चम्मच
लहसुन	४-५ कलियां	चिकन स्टाक*	४ कप
ताज़ी हरी धनिया पत्ती (वैकल्पिक)	२ बड़े चम्मच	नमक	स्वादानुसार
काली मिर्च	५-६ दाने	क्रीम	१/४ कप

विधि

१. चिकन धोकर साफ करें और आधा इंच के चौकोर टुकड़ों में काट लें। प्याज,लहसुन छीलकर स्लाइस कर लें। धनिया पत्ती धोकर साफ करें, काट लें। काली मिर्च दरदरी कूट लें।

२. एक बड़े माइक्रोवेव कैसरोल में तेल, जीरा,लहसुन डालकर माइक्रोवेव में 'हाई' (१०० %) पर एक मिनट तक पकायें। गरम चिकन स्टाक, चिकन के टुकड़े, कुटी हुई काली मिर्च,नमक मिलाएं, ढंककर माइक्रोवेव में 'हाई' (१०० %) पर बारह मिनट तक पकायें।

३. क्रीम मिलाएं। कप में डालकर कटी धनिया पत्ती से सजाएं और गर्मागर्म परोसें।

टिप्पणी

*चिकन स्टॉक की विधि के लिए पृष्ठ १२५ देखें।

शेजुवाँ तीखा सूप

सामग्री

चिकन (बोनलेस)	१०० ग्राम
गाजर	१ छोटे आकार की
पत्ता गोभी	१/४ छोटे आकार की
सूखा काले मशरूम	४
बीन कर्ड टोफू	५० ग्राम
काली मिर्च	६-८ दाने
शिमला मिर्च	१/२ मध्यम आकार की
फ्रेंच बीन्स	४-५
हरा प्याज	२
कॉर्नस्टार्च	३ बड़े चम्मच
नमक	१ छोटा चम्मच
सिरका	३ बड़े चम्मच
शक्कर	१ छोटा चम्मच
लाल मिर्च का पेस्ट	१ बड़ा चम्मच
चिकन स्टाक*	३ कप

विधि

१. चिकन को साफ करें, धोएं, छोटे-छोटे टुकड़ों में काट लें।

२. गाजर धोकर, छीलकर कस लें। पत्ता गोभी धोकर बारीक काट लें। मशरूम साफ करें, धोकर काट लें। बीन कर्ड को एक से.मी. आकार के चौकोर टुकड़ों में काट लें। काली मिर्च कूट लें।

३. शिमला मिर्च धोकर, बीज निकाल दें और बारीक काट लें। फ्रेंच बीन्स धोएं, रेशे निकाल कर काट लें। हरे प्याज को धोकर तीन-चौथाई पत्ती सहित बारीक काट लें।

४. एक चौथाई कप पानी में कार्नस्टार्च घोलें। नमक, सिरका, शक्कर, लाल मिर्च पेस्ट और कूटी हुई काली मिर्च मिलाएं।

५. एक गहरे माइक्रोवेव कटोरे में गाजर,पत्ता गोभी, हरा प्याज,मशरूम, शिमला मिर्च, फ्रेंच बीन्स,चिकन और चिकन स्टॉक डालें। ढंककर माइक्रोवेव में 'हाई' (१०० %) पर आठ मिनट तक पकायें।

६. कार्न स्टार्च मिश्रण और बीन कर्ड डालें और बिना ढंके माइक्रोवेव में 'हाई' (१०० %) पर पांच मिनट तक पकायें।

७. स्वाद चख लें और हरे प्याज की पत्तियों से सजाकर गर्मागर्म परोसें।

टिप्पणी

*चिकन स्टॉक की विधि के लिए पृष्ठ १२५

शेजुवाँ तीखा सूप और चिकन शोरबा →

शेजुवाँ तीखा सूप और चिकन शोरबा

नाचोस और भरवाँ कुरकुरे आलू

नाचोस

सामग्री

कुरकरे कार्न चिप्स १६-२०
चीज़ (कसा हुआ) .... ३/४ कप
साल्सा सॉस बनाने के लिए
टमाटर .... २ बड़े आकार के
प्याज .... १ मध्यम आकार का
लहसुन .... २-३ कलियां
शिमला मिर्च .... १ मध्यम आकार की
काली मिर्च .... ५-६ दाने
सूखा ऑरिगनो .... १/४ छोटा चम्मच
स्वीट चिली सॉस* .... २ बड़े चम्मच
नमक .... स्वादानुसार

विधि

१. टमाटर धोकर आधा काटें, बीज निकाल कर बारीक काट लें। प्याज धोकर, छीलकर बारीक काट लें। लहसुन छीलकर कूट लें। शिमला मिर्च धोकर आधा काटें, बीज निकालकर बारीक काट लें। काली मिर्च कूट लें।

२. इस सामग्री को बची हुई साल्सा की सामग्री में मिला दें और साल्सा सॉस उपयोग करने के एक घंटा पहले कमरे के तापक्रम पर रखे रहने दें।

३. एक माइक्रोवेव प्लेट पर कार्न चिप्स जमाएं और इस पर साल्सा सॉस और कसा हुए चीज़ डालें। बिना ढंके माइक्रोवेव में 'हाई' (१०० %) पर दो मिनट तक पकायें।

४. तुरंत परोसें अन्यथा कॉर्न चिप्स लिजलिजे हो जाएंगे।

टिप्पणी
*स्वीट चिली सॉस की विधि के लिए पृष्ठ ९३ देखें।

सुझाव
कॉर्न चिप्स के ऊपर सफेद सॉस एवं मोज़रेला चीज़ डालने से भी बहुत अच्छा स्वाद आता है।

नाचोस और भरवाँ कुरकुरे आलू

भरवाँ कुरकुरे आलू

सामग्री

आलू	८ मध्यम आकार के	पनीर (कसा हुआ)	३ बड़े चम्मच
शिमला मिर्च	१ मध्यम आकार की	चीज़ (कसा हुआ)	३ बड़े चम्मच
प्याज	१ मध्यम आकार का	तेल	३ बड़े चम्मच
लहसुन	५-६ कलियां	ड्राई हर्ब्स	१/२ छोटा चम्मच
मशरूम	५-१०	कुटी काली मिर्च	१/४ छोटा चम्मच
गाजर	१ मध्यम आकार की	नमक	स्वादानुसार

विधि

१. आलू धोकर सुखा लें। इनमें चाकू या कांटे से गहरे छेद बना लें।

२. शिमला मिर्च धोएँ, काटकर बीज निकाल लें तथा बारीक काट लें। प्याज धोकर, छीलकर बारीक काट लें। लहसुन छिलकर अच्छे से कूट लें। मशरूम धोकर काट लें। गाजर धोकर, छीलकर, कस लें।

३. एक पेपर नैपकिन पर आलुओं को रखें और बिना ढंके माइक्रोवेव में 'हाई' (१०० %) पर पाँच मिनट तक पकायें। पलट कर फिर से पांच मिनट तक, नरम होने तक पकायें।

४. आलुओं को माइक्रोवेव से निकाल लें तथा लंबाई में दो हिस्सों में काट लें और गूदे को पूरा निकाल लें। गूदे को हल्के से कांटे से मसल लें।

५. एक माइक्रोवेव डिश में आलू के छिलके जमा लें और थोड़ा सा तेल छिलकों के अंदर डाल दें। छिलकों के बाहरी हिस्से में भी थोड़ा सा तेल लगायें। बिना ढंके माइक्रोवेव में 'हाई' (१०० %) पर आठ मिनट तक, या खोल के कुरकुरे होने तक पकायें।

६. एक छोटे माइक्रोवेव कटोरे में शिमला मिर्च, प्याज, लहसुन, मशरूम, गाजर, कसा हुआ पनीर एवं ड्राई हर्ब्स डालें और स्वादानुसार नमक,काली मिर्च एवं बचा हुआ तेल डालें। ढंक कर माइक्रोवेव में 'हाई' (१०० %) पांच मिनट तक, नरम होने तक पकायें।

७. मसले हुए आलू को सब्जियों के मिश्रण में मिलायें। इस मिश्रण को आलू के छिलकों में भरें, ऊपर से कसा हुआ चीज़ छिड़क दें।

८. इसे फिर से माइक्रोवेव में बिना ढँके 'हाई' (१०० %) पर तीन मिनट तक रखें। या, 'टॉप' पर पाँच मिनट तक ग्रिल करें। तुरंत परोसें।

पेप्पर प्रॉन्स

सामग्री

झींगा (प्रॉन्स) .... १०-१२ छोटे आकार के
लहसुन ....८-१० कलियां
टोमैटो कैचप .... २ बड़े चम्मच
नमक .... स्वादानुसार
कुटी काली मिर्च .... २ छोटे का चम्मच
तेल .... १ बड़ा चम्मच
सिरका .... १ बड़ा चम्मच
चिली सॉस .... १ छोटा चम्मच
शक्कर .... १ छोटा चम्मच
कॉर्नस्टार्च .... १ बड़ा चम्मच
डार्क सोया सॉस .... १ बड़ा चम्मच

विधि

१. झींगे की नसें साफ करें, सिर, पूंछ काटकर अच्छे से धोएं। पानी निकाल कर सुखा लें। लहसुन को छीलकर, बारीक काट लें।

२. सभी सामग्री झींगो के साथ एक माइक्रोवेव सुरक्षित डिश में मिला लें और दो बड़े चम्मच पानी डालकर बिना ढंके माइक्रोवेव में 'मीडियम' (७० %) पर तीन मिनट तक पकायें।

३. गर्मागर्म परोसें।

स्मोकी फिश कबाब

सामग्री

मछली (पॉमफ्रेट/ किंगफिश) .... १ (३००-४०० ग्राम)
भरवाँ ऑलिव १६
छोटे प्याज १६
टमाटर .... २ बड़े आकार के
तेल .... २ बड़े चम्मच

मैरीनेड के लिए

नींबू का रस .... ३ बड़े चम्मच
कुटी काली मिर्च .... १ छोटा चम्मच
नमक .... स्वादानुसार
अदरक का पेस्ट .... १ बड़ा चम्मच
ब्राउन शुगर .... २ बड़े चम्मच

विधि

१. मछली साफ करें, धोकर चपटे, हड्डी रहित टुकड़ों में काट लें। इन टुकड़ों को धोकर एक इंच के चौकोर टुकड़ों में काट लें।

२. छोटे प्याज छीलकर, धो लें। टमाटर को धोकर दो टुकड़ों में काटकर बीज निकालें, एक इंच के चौकोर टुकड़ों में काट लें ।

३. नींबू के रस में कुटी हुई काली मिर्च, नमक, अदरक पेस्ट और ब्राउन शुगर मिलाएं, इसमें मछली, टमाटर, बेबी प्याज एक घंटे के लिए मॅरीनेट करके रखें।

४. एक सींख पर मैरीनेट किए हुए टुकड़ों को मछली, छोटे प्याज़, भरवाँ ऑलिव और टमाटर के टुकड़े - इस क्रम में लगाएं। ग्रिल 'टॉप' तथा 'बॉटम' पर आठ मिनट तक पकायें।

५. इस टुकड़ों पर तेल लगाएं, चार मिनट तक 'टॉप' और 'बॉटम' पर ग्रिल करें। तुरंत परोसें।

भरवाँ मशरूम

सामग्री

मशरूम .... १६ मध्यम आकार के
पनीर (मसला हुआ) .... १/४ कप
चीज़ (कसा हुआ) .... १/४ कप
प्याज .... १ मध्यम आकार का
लहसुन .... ४-५ कलियां
पावडर सफेद मिर्च .... १/४ छोटा चम्मच
जायफल पाउडर .... १/४ छोटा चम्मच
नमक .... स्वादानुसार
मक्खन .... ५ बड़े चम्मच
नींबू रस .... १ बड़ा चम्मच

विधि

१. मशरूम के डंठल हटा दें, अच्छे से साफ करें, बारीक काटकर अलग रख लें।
२. मशरूम के ऊपरी भाग को साफ कर, भरावन के लिए तैयार करें।
३. प्याज और लहसुन छीलकर,धोकर बारीक काट लें।
४. एक माइक्रोवेव कैसरोल में कटे हुए मशरूम के डंठल, प्याज, लहसुन, पनीर, सफेद मिर्च पावडर, जायफल पाउडर और नमक डालें। दो बड़े चम्मच मक्खन डालकर अच्छे से मिलायें।
५. बिना ढंके माइक्रोवेव 'हाई' (१०० %) पर छः मिनट तक पकायें।
६. इस मिश्रण को मशरूम के ऊपरी हिस्से में भरें और दो-दो मशरूम के ऊपरी हिस्सों को टूथपिक खोंसकर जोड़ लें।
७. मशरूम पर बचा हुआ मक्खन एवं नींबू रस लगायें, बिना ढंके माइक्रोवेव में 'मीडियम'(७० %) पर तीन मिनट तक पकायें। गर्मागर्म परोसें।

सुझाव
भरवाँ मशरूम को ज्यादा स्वादिष्ट बनाने के लिए पेप्पर चिली सॉस (पृष्ठ ९२ देखें) डालें।
वेजीटेबल स्टफिंग की जगह चिकन का उपयोग कर सकते हैं।

कसूरी पनीर टिक्का

सामग्री

पनीर	४०० ग्राम	लहसुन - अदरक पेस्ट	१ बड़ा चम्मच
दही	१ कप	हरी मिर्च पेस्ट	१ बड़ा चम्मच
बेसन	४ बड़े चम्मच	नींबू रस	२ बड़े चम्मच
अजवाईन	१/२ छोटा चम्मच	चाट मसाला	१/२ छोटा चम्मच
गरम मसाला	१ छोटा चम्मच	मक्खन	३ बड़े चम्मच
सफेद पावडर मिर्च	१/२ छोटा चम्मच	नमक	स्वादानुसार
कसूरी मेथी	२ छोटे चम्मच	तेंल	१ बड़ा चम्मच

विधि

१. पनीर को डेढ़ इंच आकार के, आधा से.मी. मोटे चौकोर टुकड़ों में काट लें।

२. एक गहरे कटोरे में गाढ़ी दही, बेसन, अजवाईन, गरम मसाला पाउडर, हल्दी, सफेद मिर्च पाउडर, कसूरी मेथी, लहसुन-अदरक का पेस्ट, हरी मिर्च पेस्ट, नींबू का रस, चाट मसाला, एक बड़ा चम्मच पिघला मक्खन और स्वादानुसार नमक डालकर मिश्रण बना लें।

३. पनीर के टुकड़ों को इस मिश्रण में आधे घंटे तक रखें।

४. एक कन्वेक्शन अवन को पहले से दो सौ तीस डिग्री सेंन्टीग्रेड पर गर्म करें।

५. अवन प्रूफ डिश में पनीर के टुकड़ों की एक पर्त जमाएं और उन पर तेल लगा दें।

६. इसे दो सौ तीस डिग्री सें.ग्रे पर बीस मिनट तक पकायें, हर पाँच मिनट में पनीर टुकड़ों पर मक्खन लगायें। दस मिनट बाद एक बार पलट दें।

७. इसे ग्रिल में 'टॉप' पर बारह मिनट तक पकायें। छः मिनट बाद मक्खन लगायें, पलटकर सेकें।

८. गर्मागर्म परोसें।

सुझाव

दही मोटा करने के लिए इसे पतले कपड़े में बांध कर फ्रिज में आधे घंटे के लिये लटका दें, जिससे अतिरिक्त पानी अलग हो जायेगा।

वेजीटेबल इडली

सामग्री

उकड़ा चावल	१ कप
उड़द दाल	१/२ कप
नमक	स्वादानुसार
ताज़ी धनिया पत्ती	कुछ डंठल
गाजर	१ मध्यम आकार की
फ्रेंच बीन्स	४-५
फूल गोभी	२-३ टुकड़े
शिमला मिर्च	१/२ मध्यम आकार की
तेल	२ बड़े चम्मच
कुटी काली मिर्च	१ बड़ा चम्मच

विधि

१. चावल और उड़द दाल को धोकर अलग-अलग चार घंटे तक पानी में भिगो कर रखें। पानी से निकालकर पर्याप्त पानी मिला कर चावल को थोड़ा दरदरा और दाल को चिकना पीसें।

२. पर्याप्त पानी डाल कर दाल और चावल के घोल को अच्छे से मिलायें जिससे गाढ़ा मिश्रण तैयार हो जाये।

३. मिश्रण में नमक डालें और इसे छः से आठ घंटे, या रात भर ढककर खमीर उठने के लिए गर्म जगह में रख दें।

४. धनिया पत्ती धोकर, बारीक काट लें। गाजर धोकर, छीलकर, कस लें। फ्रेंच बीन्स धोकर, रेशे निकाल कर काट लें। फूल गोभी के टुकड़ों को धोकर कस लें। शिमला मिर्च धोकर, काटकर बीज निकाल दें, बारीक काट लें।

५. खमीर उठे मिश्रण में सब्जियां डालकर अच्छे से मिला लें।

६. माइक्रोवेव इडली स्टैण्ड को हल्का सा तेल लगाकर चिकना कर लें। इसके प्रत्येक खंड में पर्याप्त मिश्रण डालें। कटी धनिया और कुटी हुई काली मिर्च डालकर सजायें।

७. एक माइक्रावेव अवन में माइक्रोवेव इडली स्टैण्ड के साथ एक कप पानी रखें, ढंककर माइक्रोवेव में 'हाई' (१०० %) पर चार मिनट तक पकायें। परोसने से पहले पाँच मिनट तक रखे रहने दें।

सुझाव

अगर आपके पास माइक्रोवेव इडली स्टैण्ड नहीं है तो उसकी जगह आप इडली बनाने के लिए काँच की छोटी कटोरियाँ इस्तेमाल कर सकते हैं।

फोर सीज़न पिज़्ज़ा

सामग्री

पिज़्ज़ा बेस .... २ (नौ इंच व्यास के)

सॉस बनाने के लिए

टमाटर .... २ बड़े आकार के
प्याज .... १/२ छोटे आकार का
लहसुन .... २ कलियां
बेसिल (तुलसी) पत्ती २
ओरेगानो .... १ चुटकी
कुटी हुई काली मिर्च .... १ चुटकी
आलिव आईल .... १ बड़ा चम्मच
टमाटर प्यूरी .... १/२ कप
नमक .... स्वादानुसार

टॉपिंग्स

शिमला मिर्च .... २ मध्यम आकार की
टमाटर .... २ मध्यम आकार के
पनीर .... २०० ग्राम
मशरूम १०-१२
भरवाँ हरे ऑलिव ४-५
भरवाँ काले ऑलिव ४-५
मकई दाने .... १/२ कप
मॉज़रेला चीज़ (कसा हुआ) .... २ कप
लाल मिर्च के टुकड़े .... २ छोटे चम्मच
सूखी ओरेगानो .... १/२ छोटा चम्मच

विधि

सॉस बनाने के लिए

१. टमाटर धोकर चार टुकड़े कर लें। प्याज,लहसुन छीलकर काट लें। बेसिल पत्तियाँ धोकर हाथ से तोड़ लें।

२. एक माइक्रोवेव कटोरे में टमाटर रख कर बिना ढंके माइक्रोवेव 'हाई' (१०० %) पर तीन मिनट तक पकायें।

३. बची हुई सामग्री मिलाकर बिना ढके माइक्रोवेव 'हाई' (१०० %) पर तीन मिनट तक पकायें।

४. ठंडा करें, ब्लेण्ड कर सॉस बना लें।

टॉपिंग के लिए

५. शिमला मिर्च धोएँ, ऊपर का हिस्सा काट कर बीज निकाल दें। आधा से.मी. मोटे गोल काट लें।

६. टमाटर धोकर आधा से.मी. मोटे गोल स्लाइस में काट लें। पनीर को आधा से.मी. मोटे त्रिकोण स्लाइस में काट लें जिसका हर सिरा लगभग एक इंच हो।

७. मशरूम धोकर बारीक स्लाइस काट लें। हरे और काले ऑलिव को पतला स्लाइस कर लें।

पिज़्ज़ा बनाने के लिए

८. प्रत्येक पिज़्ज़ा बेस पर सॉस फैलाएं, आधे कसे हुए चीज़ को बराबर सब पर फैलाएं। पिज़्ज़ा के एक चौथाई भाग पर कॉर्न दाने जमा दें, दूसरे चौथाई हिस्से पर मशरूम जमा दें, तीसरे चौथाई भाग पर शिमला मिर्च एवं टमाटर के स्लाइस जमाएं और पिज़्ज़ा के बचे चौथाई भाग पर पनीर स्लाइस जमा दें। मसली हुई लाल मिर्च, ओरेगानो और बचा हुए चीज़ छिड़क दें। पनीर की पर्त के ऊपर हरे ऑलिव की स्लाइस फैलायें और मशरूम के ऊपर काले ऑलिव की स्लाइस फैलाएं। माइक्रोवेव प्लेट पर रखें, बिना ढंके माइक्रोवेव 'लो' (४० %) पर दो मिनट तक पकायें, या, ग्रिल 'टॉप' पर दस मिनट तक पकायें।

सुझाव

पिज़्ज़ा बेस को पहले बेक करके रख लें और बाद में सॉस और टापिंग के साथ पकाने का काम करें।

○ माइक्रोवेव तथा ग्रिल पाक-विधि

फोर सीज़न पिज़्ज़ा →

थ्री फ्लेवर पॉपकॉर्न

सामग्री

मीठा

सूखी मकई के दाने .... १/२ कप

ब्राउन शुगर .... ३/४ कप

तेल .... १ बड़ा चम्मच

विधि

एक माइक्रोवेव कटोरे में तेल, ब्राउन शुगर और मकई दाना मिलाएं। ढंक कर माइक्रोवेव 'हाई' (१०० %) पर छः मिनट तक पकाएं। तीन मिनट बाद एक बार चलाएं।

सामग्री

तीखा

सूखी मकई दाने .... १/२ कप

तेल .... १ बड़ा चम्मच

चीज़ पाउडर .... २ बड़े चम्मच

लाल मिर्च के टुकड़े .... १ १/२ बड़े चम्मच

विधि

एक माइक्रोवेव कटोरे में तेल और मकई दाने मिलाएं। ढक कर माइक्रोवेव 'हाई' (१०० %) पर छः मिनट तक पकाएं। तीन मिनट बाद एक बार चलाएं। चीज़ पाउडर और लाल मिर्च के टुकड़े मिलाएं और हिला कर मिलाएं।

सामग्री

चटपटा

सूखी मकई दाने .... १/२ कप

तेल .... १ बड़ा चम्मच

टमाटर पाउडर .... १ बड़ा चम्मच

नमक .... स्वादानुसार

विधि

एक माइक्रोवेव कटोरे में तेल और मकई दाने मिलाएं। ढंक कर माइक्रोवेव 'हाई' (१०० %) पर छः मिनट तक पकाएं। तीन मिनट बाद एक बार चलाएं। स्वाद के लिए टमाटर पाउडर और नमक डालें और हिला कर मिलाएं।

सुझाव

तीनों पॉपकॉर्न, यानी कैरेमल, चिली चीज़ और टोमैटो का स्वादिष्ट सम्मिश्रण आजमाएं। एक बार यह मुझसे संयोगवश हो गया था!

कान्दा पोहा

सामग्री

मोटा पोहा .... २ कप
प्याज़ .... ३ मध्यम आकार के
हरी मिर्च ३-४
भूनी मूंगफली(वैकल्पिक) .... १/४ कप
तेल .... २ बड़े चम्मच
करी पत्ते ८-१०
हल्दी पाउडर .... १ छोटा चम्मच
नमक .... स्वादानुसार
नींबू का रस .... १ बड़ा चम्मच
ताज़ी धनिया पत्ती .... कुछ डंठल

विधि

१. पोहे को अच्छी तरह धो लें। छलनी में रखें जिससे अतिरिक्त पानी बाहर निकल जाए।
२. प्याज़ को छील कर धोएँ, बारीक काट लें। हरी मिर्च के डंठल हटा कर मिर्च धोएं, दो भाग में चीर लें। धनिया पत्ती छांट कर धोएं और बारीक काट लें।
३. एक माइक्रोवेव कटोरे में तेल और प्याज़ लें। हरी मिर्च, करी पत्ते, भुनी मूंगफली मिला कर बिना ढंके माइक्रोवेव में 'हाई' (१०० %) पर तीन मिनट तक पकाएं।
४. हल्दी पावडर, पोहा और नमक डालें। अच्छे से मिलाएं और ढक कर माइक्रोवेव 'हाई' (१०० %) पर पाँच मिनट तक पकाएं।
५. नीबू का रस डालें। अच्छे से मिलाएं, कटी धनिया पत्ती से सजा कर गर्मागर्म परोसें।

चिकन फ्लॉवर डम्पलिंग

सामग्री

चिकन कीमा	१ कप	अदरक पेस्ट	१ छोटा चम्मच
बासमती चावल	१/४ कप	नमक	स्वादानुसार
हरी मिर्च	३-४	काली मिर्च	४-५

विधि

१. चावल दो बार धोएं, आधा कप पानी में एक घंटे तक भिगो कर रखें। पानी निकाल दे।

२. हरी मिर्च के डंठल अलग कर दें, धोकर बारीक काट लें। काली मिर्च कूट लें।

३. चिकन कीमा में मिर्च, अदरक पेस्ट, नमक और कुटी हुई काली मिर्च मिलाएं। इस मिश्रण को बारह बराबर हिस्सों में बाँट लें।

४. हर हिस्से की गोल टिकियाँ बनाएं और इन टिकियों को पहले से भिगोए चावल में लपेट लें।

५. एक बड़े माइक्रोवेव कटोरे में आठ कप पानी डालें। ढंक कर माइक्रोवेव 'हाई' (१०० %) पर बारह-पंद्रह मिनट या इसके उबलने लगने तक रखें। चिकन गोलियाँ डाल कर, ढंक कर माइक्रोवेव 'हाई' (१००%) पर आठ मिनट तक पकाएँ।

६. पानी निकाल दें और अपनी पसंद के किसी सॉस के साथ गर्मागर्म परोसें।

सुझाव

बेहतरीन परिणाम के लिए आप बारीक कुटा कीमा लें, संभव हो तो चिकन ब्रेस्ट का।

टंगड़ी कबाब

सामग्री

चिकन ड्रमस्टिक ....
.... ८ (बिना जांघ वाले चिकन लेग्स)
नीबू रस .... १ बड़ा चम्मच
अदरक .... १ इंच का टुकड़ा
लहसुन .... ६ कलियां
हरी मिर्च ४-६
क्रीम निकले दूध का दही .... १ कप
बेसन .... २ बड़े चम्मच
हल्दी पावडर .... १/२ छोटा चम्मच
गरम मसाला पावडर .... १ छोटा चम्मच
लाल मिर्च पावडर .... १ छोटा चम्मच
नमक .... स्वादानुसार
चाट मसाला पावडर .... २ छोटे चम्मच
नीबू के छल्ले .... सजावट के लिए
तेल .... ३ बड़े चम्मच

विधि

१. चिकन ड्रमस्टिक साफ करें, अतिरिक्त वसा, स्किन छाँट दें। पोंछ लें। तीन-चार लम्बे गहरे चीरे लगाएं। नींबू का रस लगा कर अलग रख दें।

२. अदरक, लहसुन छीलकर धोएं, एकसाथ पीस लें।

३. हरी मिर्च धोकर डंठल निकाल दें, बारीक काटें।

४. दही को अतिरिक्त पानी निकालने के लिए महीन कपड़े में बांध कर पंद्रह-बीस मिनट लटका दें।

५. माइक्रोवेव कटोरे में 'लो' (५०%) पर बेसन को पांच मिनट तक भूनें। बीच में दो बार चलाएं। ठंडा करें, पानी निकला दही, अदरक-लहसुन पेस्ट, हल्दी पावडर, गरम मसाला पावडर, लाल मिर्च पावडर, नमक और कटी हरी मिर्च के साथ मिला दें।

६. चिकन ड्रमस्टिक को इस मिश्रण में मैरीनेट करें, एक-दो घंटे के लिए फ्रिज में रख दें।

७. कन्वेक्शन अवन को दो सौ बीस डिग्री सेंटीग्रेड पर पहले से गर्म करें।

८. मैरीनेट किए हुए चिकन ड्रमस्टिक को एक़ चपटी प्लेट में रखें, पहले से गर्म अवन में पाँच मिनट तक भूनें। ओवन का तापमान कम कर एक सौ अस्सी डिग्री कर दें। पंद्रह-बीस मिनट तक और, या पूरी तरह गलने तक पकाएँ। समान रूप से पकने और एक समान रंग के लिए चिकन ड्रमस्टिक एक-दो बार पलट कर तेल लगाएँ।

९. चाट मसाला, छिड़क कर गर्मागर्म नींबू के टूकड़ों के साथ परोसें।

कीमा टिक्की कबाब

सामग्री

मटन कीमा	४०० ग्राम	जीरा पाउडर	१ छोटा चम्मच
मटन की चर्बी	१०० ग्राम	गरम मसाला पाउडर	१ छोटा चम्मच
प्याज़	२ मध्यम आकार के	कश्मीरी लाल मिर्च का पाउडर	२ छोटे चम्मच
हरी मिर्च	३-४	नमक	स्वादानुसार
ताज़ी धनिया पत्तियाँ	४ डंठल	लगाने के लिए तेल	१/२ कप
लहसुन पेस्ट	१ बड़ा चम्मच	चाट मसाला	२ छोटे चम्मच
अदरक पेस्ट	१ बड़ा चम्मच	नींबू का रस	२ छोटे चम्मच

विधि

१. प्याज़ छीलकर धो लें + बारीक काट लें। हरी मिर्च के डंठल हटा कर धोएं, काट लें। धनियाँ पत्तियाँ धोकर काट लें।

२. मटन कीमा, मटन की चर्बी, कटा प्याज़, हरी मिर्च और धनिया पत्तियों को एक मिक्सर में डाल कर दो बार चलाएं ताकि यह एकसमान मिश्रण बन जाए।

३. इसमें लहसुन पेस्ट, अदरक पेस्ट, जीरा पाउडर, गरम मसाला पाउडर, कश्मीरी लाल मिर्च पाउडर और स्वादानुसार नमक मिलाएं।

४. कीमा मिश्रण को सोलह बराबर हिस्सों में बांटें।

५. हर हिस्से की एक इंच व्यास और एक से. मी. मोटाई की चपटी गोलियाँ बना लें।

६. 'टॉप' और 'बॉटम' पर पंद्रह से बीस मिनट तक ग्रिल करें। बीच में एक बार पलटें।

७. पकाते समय हर पांच मिनट में तेल लगाएं ताकि समान, रुप से सुनहरा सिंयें।

८. चाट मसाला और नींबू का रस छिड़क कर गर्मागर्म परोसें।

सुझाव
रसीले और नर्म कबाब बनाने के लिए कीमा में पपीते या अननास का पेस्ट मिलाया जा सकता है।

○ ग्रिल पाक-विधि

मुर्ग मखमली कबाब

सामग्री

चिकन ब्रेस्ट्स .... ४ (८०० ग्राम)
हरी मिर्च ४-६
अदरक .... १ इंच का टुकड़ा
लहसुन .... ५-६ कलियाँ
दही .... २/३ कप
चीज़ (कसा हुआ) .... १/४ कप
ताज़ी क्रीम .... १/४ कप
जायफल पाउडर .... १/२ छोटा चम्मच
गरम मसाला पाउडर .... २ छोटे चम्मच
शहद .... १ बड़ा चम्मच
नींबू का रस .... १/२ बड़ा चम्मच
नमक .... स्वादानुसार
मक्खन .... १/४ कप

विधि

१. चिकन ब्रेस्ट्स साफ कर, स्किन और हड्डी निकाल दें, प्रत्येक को दो हिस्सों में काट लें। हरी मिर्च का डंठल निकाल कर धोएँ। अदरक और लहसुन छील कर धोएं। हरी मिर्च, अदरक और लहसुन को पीस लें। चिकन के टुकड़ों पर यह पेस्ट अच्छी तरह लगाएँ। ढककर पंद्रह मिनट अलग रख दें।

२. दही को पानी निकालने के लिए महीन कपड़े में बाँध कर आधे घंटे के लिए लटका दें।

३. पानी निकला दही, चीज़, क्रीम, दालचीनी पाउडर, गरम मसाला पाउडर, शहद, नींबू का रस और स्वादानुसार नमक मिलाएं। अच्छी तरह फेंटें, चिकन टुकड़ों को इस मिश्रण में मैरीनेट कर फ्रिज में तीन घंटे के लिए रख दें।

४. वायर रैक पर चिकन टुकड़ों को एक-एक इंच की दूरी पर रखें।

५. चिकन को ग्रिल में, 'टाप' और 'बॉटम' पर बीस मिनट तक पकाएँ। हर पाँच मिनट में मक्खन लगाते रहें। मनपसंद चटनी के साथ गर्मागर्म परोसें।

सुझाव
संभव हो तो चिकन सुप्रीम का इस्तेमाल करें, क्योंकि इससे कबाब रसीला और लज़ीज बनता है।

○ ग्रिल पाक-विधि

श्रिम्प इन गार्लिक बटर

सामग्री

श्रिम्प	४०० ग्राम	मस्टर्ड पेस्ट	१ बड़ा चम्मच
पार्सले	कुछ डंठल	नींबू रस	१ बड़ा चम्मच
मक्खन	४ बड़े चम्मच	काली मिर्च	८-१०
लहसून पेस्ट	३ बड़े चम्मच	नमक	स्वादानुसार

विधि

१. श्रिम्प के सिर शेल कवच अलग कर दें। नसें निकाल कर अच्छी तरह धोएँ, पानी निकाल दें।

२. पार्सले धो कर सुखा लें, बारीक काट कर अलग रखें। काली मिर्च कूट लें।

३. श्रिम्पं, मक्खन, लहसुन पेस्ट, पार्सले, मस्टर्ड पेस्ट, नीबू रस और ताज़ी कुटी हुई काली मिर्च को एक माइक्रोवेव कटोरे में रखें। नमक डाल कर अच्छे से मिलाएं।

४. बिना ढँके माइक्रोवेव में 'हाई' (१००%) पर तीन मिनट तक पकाएं। गर्मागर्म परोसें। बेहतर हो, टूथपिक के साथ।

कॉर्न क्रस्टड चिकन

सामग्री

चिकन (बोनलेस) .... १/२ किलो
तेल .... २ बड़े चम्मच

मैरीनेड के लिए

मस्टर्ड पाउडर .... १ छोटा चम्मच
हरी मिर्च .... २ - ३
लहसुन पेस्ट .... २ बड़े चम्मच
नींबू रस .... २ बड़े चम्मच
गरम मसाला पाउडर .... २ छोटे चम्मच
तेल .... ३ बड़े चम्मच
लाल मिर्च पाउडर .... २ बड़े चम्मच
नमक .... स्वादानुसार

कोटिंग के लिए

अंडे २
नमक .... स्वादानुसार
कॉर्नफ्लेक्स .... १/२ कप

विधि

१. चिकन धोकर डेढ़ इंच के चौकोर टुकड़ों में काट लें।
२. हरी मिर्च के डंठल अलग करें, धोकर काट लें।
३. चिकन और मैरीनेड सामग्री मिला कर फ्रिज में एक घंटे के लिए रख दें।
४. अंडा फेंटें, नमक मिला लें।
५. बेलन की सहायता से कॉर्नफ्लेक्स का हल्का चूरा कर लें।
६. चिकन को फेंटे हुए अंडे में डुबा कर कॉर्नफ्लेक्स के चूरे में लपेटें, अच्छे से दबा दें।
७. कन्वेक्शन अवन को दो सौ डिग्री सेल्सियस पर पहले से गर्म करें।
८. चिकन को वायर रैक में रखें। दो सौ डिग्री सेल्सियस पर पहले से गर्म अवन में चिकन को बीस मिनट तक, या पूरी तरह गलने तक पकाएं।

टिप्पणी

आप इसे शेजुवां सॉस या टोमैटो केचप के साथ परोस सकते हैं। शेजुवाँ सॉस की विधि के लिए पृष्ठ १२७ देखें।

○ कनवेक्शन पाक-विधि

श्रिम्प इन गार्लिक बटर और कॉर्न क्रस्टड चिकन

कॉर्न क्रस्टड चिकन और श्रिम्प इन गार्लिक बटर

मुर्ग मखमली कबाब और चिकन टेट्राजीनी

सेलेरी कॉर्न मेडली

सामग्री

स्वीटकॉर्न के दाने .... १ कप
सेलेरी के डंठल २
टमाटर .... ४ मध्यम आकार के
प्याज़ .... १ मध्यम आकार का
लहसुन .... ४-५ कलियाँ
शिमला मिर्च .... १ मध्यम आकार की
ताज़े मशरूम ८-१०
काली मिर्च ५-६
तेल.................................. २ छोटे चम्मच
ब्राउन शुगर .... १ बड़ा चम्मच
टोमैटो केचप .... २ बड़े चम्मच
नमक .... स्वादानुसार
ताज़ी पार्सले .... कुछ डंठल

विधि

१. सेलेरी के डंठल धोकर एक इंच आकार में स्लाइस कर लें। टमाटर धोकर चौथाई टुकड़े कर लें। प्याज़ छील कर धोएं, बारीक काट लें। लहसुन छील कर कूट लें। शिमला मिर्च धोकर बीच से काटें, बीज निकाल कर चौकोर-छोटे-टुकड़े कर लें। मशरूम के डंठल हटा कर साफ करें, अच्छी तरह धोएं और स्लाइस कर लें। काली मिर्च कूट लें।

२. टमाटरों को प्याज़ और लहसुन के साथ एक बड़े माइक्रोवेव कटोरे में रखें। ढंक कर 'माइक्रोवेव हाई' (१००%) पर पांच मिनट तक गाढ़ा, गूदे जैसा सॉस बनने तक पकाएं। बीच में दो बार चलाएं।

३. एक मध्यम आकार के माइक्रोवेव कटोरे में सेलेरी, शिमला मिर्च, कॉर्न के दाने और तेल को रखें। ढंके और 'माइक्रोवेव हाई'(१००%) पर तीन मिनट तक या सब्जियों के थोड़ा नर्म हो जाने तक पकाएं। हटा कर मिला लें।

४. ब्राउन शुगर, टोमैटो केचप, नमक, काली मिर्च, सेलेरी, शिमला मिर्च, मशरूम और कॉर्न को टमाटर के सॉस में मिलाएं। ढंक कर 'माइक्रोवेव हाई'(१००%) पर तीन मिनट तक पकाएं। बीच में एक बार चलाएं। कटे पार्सले छिड़क कर गर्मागर्म परोसें।

मुर्ग मखमली कबाब और चिकन टेट्राजीनी ←

स्टर फ्राइड सब्ज़ियाँ

सामाग्री

गोभी .... [1/4] छोटे आकार की	तेल .... २ बड़े चम्मच
फ्रेन्च बीन्स ८	नमक .... स्वादानुसार
गाजर .... १ मध्यम आकार की	सफेद मिर्च पावडर.................. [1/2] छोटा चम्मच
शिमला मिर्च .... २ मध्यम आकार की	मोनो सोडियम ग्लूटामेट (वैकल्पिक) .... [1/4] छोटा चम्मच
बेबी कॉर्न ६	सोया सॉस .... १ छोटा चम्मच
मशरूम ४-५	शक्कर .... [1/4] छोटा चम्मच
प्याज़ २-३	कॉर्नस्टार्च .... २ बड़े चम्मच

विधि

१. फूलगोभी धोकर एक-एक इंच के फूलों में तोड़ लें। फ्रेंच बीन्स धोकर, रेशे निकाल कर आधा इंच के डायमंड आकार के टुकड़ों में काट लें। गाजर छील कर धोएं, पतली स्लाइस में काट लें।

२. शिमला मिर्च धोकर बीच से काटें, बीज निकाल कर लंबे, पतले आकार में काट लें। बेबी कॉर्न धोकर छांटें, गोल टुकड़ों में काट लें। मशरूम अच्छी तरह धोएं, मोटी स्लाइस कर लें। हरे प्याज़ को छील कर धोएं, चौथाई हिस्सों में काट लें। इसके कुछ हरे डंठल सजावट के लिए काट लें। आधे कप पानी में कॉर्नस्टार्च मिला कर अलग रख लें।

३. फूलगोभी, फ्रेंच बीन्स, गाजर और बेबीकॉर्न को एक माइक्रोवेव कैसरोल में रखें, एक कप पानी मिलाएं। बिना ढंके माइक्रोवेव 'हाई' (१०० %) पर पांच मिनट तक पकाएं। पानी निकाल दें।

४. एक माइक्रोवेव कटोरे में तेल लें। फूलगोभी, फ्रेंच बीन्स, गाजर, शिमला मिर्च, बेबीकॉर्न, प्याज़ और मशरूम डालें। बिना ढके माइक्रोवेव 'हाई' (१०० %) पर दो मिनट तक पकाएं। नमक, सफेद मिर्च पावडर, मोनो सोडियम ग्लूटामेट, सोया सॉस और शक्कर मिलाएं।

५. सब्जियों में घुला हुआ कॉर्नस्टार्च डालें। अच्छे से मिलाएं और बिना ढके माइक्रोवेव 'हाई' (१०० %) पर दो मिनट तक पकाएं। निकाल कर तुरंत परोसें।

मसालेदार बादाम सॉस में गोभी-ब्रोकोली

सामग्री

फूलगोभी	१/२ छोटे आकार की
ब्रोकोली	१/२ छोटे आकार की
प्याज़	१ मध्यम आकार का
लहसुन	५-६ कलियां
शिमला मिर्च	१ मध्यम आकार की
काली मिर्च	५-६
बादाम	१०-१२
मक्खन	३ बड़े चम्मच
लाल मिर्च के टुकड़े	१ छोटा चम्मच
टमाटर प्यूरी	१/४ कप
टमाटर केचप	२ बड़े चम्मच
नमक	स्वादानुसार
जायफल पाउडर	१/४ छोटा चम्मच
वाईट सॉस*	१/४ छोटा चम्मच
सूखे, मिक्सड हर्ब	१/४ छोटा चम्मच

विधि

१. फूलगोभी तथा ब्रोक्रोली धोकर एक इंच आकार के टूकड़ों में काटें। प्याज़ तथा लहसुन छील कर धोएं, काटें। शिमला मिर्च धोकर बीच से काटें, बीज निकाल कर आधा इंच के चौकोर टुकड़ों में काटें। काली मिर्च कूट लें।एक कप पानी में बादाम, माइक्रोवेव 'हाई' (१०० %) पर बिना ढके दो मिनट तक रखें। पानी निकाल कर छीलें, आधा कप पानी के साथ पीस लें।

२. मक्खन, प्याज़ तथा लहसुन को एक गहरे माइक्रोवेव कटोरे में डालें और माइक्रोवेव 'हाई' (१०० %) पर दो मिनट पकाएं।

३. फूलगोभी, शिमला मिर्च, लाल मिर्च के टुकड़े मिलाएं, ढंककर माइक्रोवेव 'हाई' (१०० %) पर तीन मिनट तक पकाएं।

४. टमाटर प्यूरी, टमाटर केचप, नमक, कुटी हुई काली मिर्च, जायफल पाउडर, वाईट सॉस, मिक्स्ड हर्ब, बादाम का पेस्ट, ब्रोक्रोली तथा आधा कप पानी डालें। चला कर अच्छे से मिलाएं। माइक्रोवेव 'हाई' (१०० %) पर ढककर छह मिनट तक पकाएं।

टिप्पणी

*वाईट सॉस की विधि के लिए पृष्ठ १२६ देखें।

मसालेदार भिण्डी

सामग्री

भिण्डी	१/२ किलो	तेल	२ छोटे चम्मच
हरी मिर्च	३-४	जीरा	१ छोटा चम्मच
अदरक	१ इंच का टुकड़ा	धनियाँ पावडर	१ बड़ा चम्मच
प्याज़	१ मध्यम आकार का	अमचूर	१ छोटा चम्मच
सौंफ	१ छोटा चम्मच	लाल मिर्च पावडर	२ छोटे चम्मच
मेथी दाने	१/४ छोटा चम्मच	नमक	स्वादानुसार

विधि

१. भिण्डी धोकर पोंछ ले तथा उसके उपरी और निचले हिस्से काटकर अलग कर दें । आकार के अनुसार प्रत्येक भिण्डी दो या तीन टुकड़ों में काटें। हरी मिर्च के डंठल हटा कर मिर्च धोएं, काट लें। अदरक धोकर छीलें तथा बारीक काट लें।प्याज़ धोकर छील लें तथा पतली स्लाइस काटें। सौंफ तथा मेथी दाने हल्के से कूट लें।

२. एक बड़े माइक्रोवेव कटोरे में तेल, कूटे हुऐ सौंफ, जीरा, मेथी, प्याज़, अदरक, हरी मिर्च, अदरक तथा धनिया पावडर डालें। अच्छे से मिला कर माइक्रोवेव में 'हाई' (१०० %) पर दो मिनट पकाएं।

३. भिण्डी,सूखा अमचूर, लाल मिर्च पावडर और नमक मिलाएं। ढकें माइक्रोवेव 'हाई' (१०० %) पर छह मिनट पकाएं।

४. चलाएं और बिना ढकें माइक्रोवेव 'हाई' (१०० %) पर एक मिनट और पकाएं। तुरंत परोसें।

बादामी बेबीकॉर्न पनीर मसाला

सामग्री

बेबी कॉर्न १०-१२
पनीर .... २०० ग्राम
प्याज़ .... २ मध्यम आकार के
लहसुन .... ४-५ कलियाँ
अदरक .... २ इंच टुकड़ा
साबुत लाल मिर्च ३-४
बादाम १२- १५
तेल .... ३ बड़े चम्मच
टमाटर प्यूरी .... २ कप
नमक .... स्वादानुसार
लाल मिर्च पाउडर .... १ छोटा चम्मच
जीरा पाउडर....................... १/२ छोटा चम्मच
धनियाँ पाउडर........................ २ छोटे चम्मच
गरम मसाला पाउडर .... १ छोटा चम्मच
कसूरी मेथी.......................... १ बड़ा चम्मच

विधि

१. बेबी कॉर्न धोकर पतले स्लाइस कर लें। पनीर एक इंच के त्रिकोण में काटें। प्याज़ तथा लहसुन छीलकर धोएं तथा मोटा काटें। अदरक का आधा हिस्सा छील कर धोएं, काट लें। बाकी हिस्सा पतले टुकड़ों में काट कर सजावट के लिए रख लें।

२. साबुत लाल मिर्च के डंठल हटा लें। लाल मिर्च, बादाम, प्याज़, लहसुन तथा अदरक मिलाकर अच्छी तरह पीसें और आधा कप पानी मिलाकर पेस्ट तैयार करें।

३. एक माइक्रोवेव कटोरे में तेल और यह पेस्ट, टमाटर प्यूरी, नमक और आधा कप पानी मिलाएं। ढक कर माइक्रोवेव 'हाई' (१०० %) पर चार मिनट तक पकाएँ।

४. बेबी कॉर्न के टुकड़े, पनीर के टुकड़े, लाल मिर्च पाउडर, जीरा पाउडर, धनिया पाउडर और गरम मसाला पाउडर अच्छे से मिलायें। ढक कर माइक्रोवेव 'हाई' (१०० %) पर आधा मिनट पकाएं।

५. एक माइक्रोवेव प्लेट में कसूरी मेथी लें और बिना ढंकें माइक्रोवेव 'हाई' (१०० %) पर आधा मिनट भूनें। निकाल कर कूट लें और ग्रेवी पर छिड़क दें। गर्मागर्म परोसें।

आलू अनारदाना

सामग्री

छोटे आलू	२५-३०	धनियाँ पावडर	१ बड़ा चम्मच
तेल	२ बड़े चम्मच	जीरा पावडर	१/२ चम्मच
सूखे अनारदाने	२ बड़े चम्मच	लाल मिर्च पावडर	१ छोटा चम्मच
हरी मिर्च	३-४	नमक	स्वादानुसार
ताज़ी धनियाँ पत्ती	कुछ डंठल	ताज़े अनार दाने	१/४ कप
पिसी हल्दी	१/२ छोटा चम्मच	चाट मसाला	१ बड़ा चम्मच

विधि

१. आलू धोकर पोंछ लें।

२. आलुओं पर एक बड़ा चम्मच तेल लगाएं और उन्हें एक माइक्रोवेव प्लेट में रख कर माइक्रोवेव 'मीडियम' (७०%) पर दस मिनट तक पकाएं।

३. सूखा अनारदाना कूट लें। हरी मिर्च के डंठल हटा कर मिर्च धोएं, काट लें। धनियाँ पत्ती छाँट कर धोएँ और काट लें।

४. बचा तेल एक माइक्रोवेव कैसरोल में डालें। हल्दी पावडर, धनियाँ पावडर, जीरा पावडर और लाल मिर्च पावडर, सूखा अनारदाना, हरी मिर्च तथा पके आलू डालें । अच्छे से मिलाएं और बिना ढंके माइक्रोवेव 'हाई' (१०० %) पर पाँच मिनट तक पकाएं।

५. आलुओं को एक बार पलटें और माइक्रोवेव 'मीडियम' (७०%) पर पाँच मिनट तक और पकाएं।

६. निकालें। ताज़े अनारदाने मिलाएं, कटी धनियाँ पत्ती तथा चाट मसाला छिड़ककर गर्मागर्म परोसें।

दही बैंगन

सामग्री

लंबे बैगन .... ३ - ४ मध्यम आकार के
दही .... १ कप
अदरक-लहसुन पेस्ट .... २ छोटे चम्मच
धनियाँ पावडर .... २ छोटे चम्मच
गरम मसाला पावडर ....१ छोटा चम्मच
लाल मिर्च पावडर ....१ छोटा चम्मच
जीरा पावडर .... १/२ छोटा चम्मच
हल्दी पावडर ....१ छोटा चम्मच
नमक .... स्वादानुसार
प्याज़ .... २ मध्यम आकार के
हरी मिर्च ....३ - ४
ताज़ी धनियाँ पत्ती .... ५-६ डंठल
बेसन .... १/२ कप
तेल ....५ बड़े चम्मच
साबुत लाल मिर्च................................ ३
जीरा .... १ छोटा चम्मच
हींग .... १/४ छोटा चम्मच

विधि

१. बैंगन धोकर डंठल निकाल दें, एक इंच आकार के चौकोर टुकड़ों में काटें। अदरक- लहसुन पेस्ट, धनियाँ पावडर, गरम मसाला पावडर, लाल मिर्च पावडर, जीरा पावडर, हल्दी पावडर तथा स्वादानुसार नमक डालकर अच्छे से मिलाएं। ढक कर मैरीनेट होने के लिए पाँच मिनट अलग रखें।

२. प्याज़ छील कर धोएं, काट लें। हरी मिर्च के डंठल हटा कर धोएं, काट लें। धनियाँ पत्ती छाँट कर धोएं और काट लें।

३. बेसन तथा दही मिलाकर फेंट लें। इसमें चार कप पानी मिलाएं, अलग रखें।

४. एक बड़े माइक्रोवेव कटोरे में दो बड़े चम्मच तेल और प्याज़ डालकर अच्छे से मिलाएं। हरी मिर्च और मैरीनेट किये हुए बैंगन के टुकड़े डालें। बिना ढंके माइक्रोवेव में 'हाई' (१०० %) पर पंद्रह मिनट तक पकाएं। बीच में एक-आध बार चलाएं। दही का मिश्रण मिला दें।

५. मध्यम आकार के एक माइक्रोवेव कैसरोल में बचा हुआ तेल, साबुत लाल मिर्च दो में तोड़ कर, जीरा तथा हींग डालें। बिना ढंके माइक्रोवेव में 'हाई' (१०० %) पर चार मिनट पकाएं। निकाल कर तुरंत पके हुए बैंगन में मिलाएं।कटी धनियाँ पत्ती से सजाकर गर्म परोसें।

सुझाव

बैंगन सावधानी से चुनें। हल्के बैंगन बढ़िया बनते हैं।

पनीर मक्खनी

सामग्री

पनीर	४०० ग्राम
हरी मिर्च	२-३
मक्खन	१/४ कप
तेज पत्ते	२
काली मिर्च	८-१०
दालचीनी	२ इंच का टुकड़ा
हरी इलायची	५
लौंग	१०
अदरक पेस्ट	१ बड़ा चम्मच
लहसुन पेस्ट	१ बड़ा चम्मच
टमाटर प्यूरी	२ कप
कश्मीरी लाल मिर्च पाउडर	१ बड़ा चम्मच
गरम मसाला पाउडर	१ छोटा चम्मच
नमक	स्वादानुसार
शक्कर या शहद	२ बड़े चम्मच
कसूरी मेथी	१/२ छोटा चम्मच
ताजी मलाई	१ कप

विधि

१. पनीर को एक इंच के चौकोर या तिकोने टुकड़ों में काट लें। हरी मिर्च का डंठल निकालकर, धोकर, काट लें।

२. एक माइक्रोवेव डिश में मक्खन लेकर, इसे बिना ढंके माइक्रोवेव में 'हाई' (१००%) पर तीस सेकंड तक गर्म करें। इसमें तेज पत्ते, काली मिर्च, दालचीनी, हरी इलाइची, लौंग डालें। अदरक का पेस्ट, लहसुन का पेस्ट, हरी मिर्च डालें। अच्छे से चलायें और बिना ढंके माइक्रोवेव में 'हाई' (१००%) पर तीन मिनट तक पकायें।

३. टमाटर प्यूरी, कश्मीरी लाल मिर्च पाउडर, गरम मसाला पाउडर, नमक एवं डेढ़ कप पानी डालें। इसे ढंककर माइक्रोवेव में 'हाई' (१००%) पर दस मिनट तक पकायें।

४. शक्कर या शहद मिलाकर, कूटी हुई कसूरी मेथी डालें। नमक चख कर अच्छे से मिला लें।

५. पनीर के टुकड़े डालें, बिना ढंके माइक्रोवेव में 'मीडियम' (७० %) पर आठ मिनट तक पकायें।

६. ताज़ी मलाई मिलाएं, बिना ढंके माइक्रोवेव में 'लो' (५० %) पर दो से तीन मिनट तक पकायें। गर्मागर्म परोसें।

पनीर मक्खनी और दही बैंगन →

पनीर मक्खनी और दही बैंगन

क्ले पॉट डंकन फिश

मिर्ची का सालन

सामग्री

हरी मिर्च .... २० बड़े आकार की
तेल .... ४ बड़े चम्मच
प्याज .... १ मध्यम आकार का
अदरक .... १ इंच का टुकड़ा
लहसुन .... ६-८ कलियां
तिल .... २ बड़े चम्मच
धनिया दाने .... १ बड़ा चम्मच
जीरा दाने .... १ छोटा चम्मच
मूंगफली (भुनी) .... १/२ कप
साबुत लाल मिर्च २
सरसों दाने .... १ छोटा चम्मच
करी पत्ते ८-१०
हल्दी पाउडर .... १/२ छोटा चम्मच
इमली का गूदा .... ४ बड़े चम्मच
नमक .... स्वादानुसार

विधि

१. हरी मिर्च को धोकर, पोंछकर, बीच से चीरा लगा लें। इसे एक माइक्रोवेव कैसरोल में एक बड़े चम्मच तेल के साथ डालकर बिना ढंके, माइक्रोवेव में 'हाई' (१००%) पर चार मिनट तक पकायें। निकाल कर कागज पर रखें।
२. प्याज छीलकर, धोकर, कस लें। अदरक को धोकर, छीलकर, काट लें। लहसुन को छील लें।
३. एक माइक्रोवेव प्लेट में तिल, धनिया दाने, जीरा दाने को मिला लें। इसे बिना ढंके माइक्रोवेव में 'हाई' (१००%) पर चार मिनट तक भून लें।
४. भुनी मूंगफली, तिल दाने, धनिया दाने, जीरा दाने, समूची लाल मिर्च, अदरक, लहसुन को पीस लें। यदि आवश्यकता हो तो थोड़ा पानी डाल लें।
५. एक माइक्रोवेव डिश में बचा तेल लेकर, इसमें सरसों दाने, करी पत्ते और प्याज़ डालें। इसे बिना ढके 'मीडियम' (८० %) पर छः मिनट तक, हल्का भूरा होने तक पकायें।
६. हल्दी पावडर डालकर अच्छे से मिलायें। मसाला पेस्ट डालें। डेढ़ कप पानी डालकर, बिना ढंके 'हाई' (१००%) पर आठ मिनट तक पकायें।
७. इमली का गूदा आधे कप पानी में घोलकर कैसरोल में डालें।
८. नमक और हरी मिर्च डालकर अच्छे से मिलायें। बिना ढंके 'लो' (६०%) पर चार मिनट तक पकायें।
९. गर्मागर्म परोसें।

टिप्पणी

हैदराबाद में परम्परागत 'मिर्च का सालन' बिरयानी के साथ परोसा जाता है। इस ग्रेवी को 'तिली' (तिल) और 'फल्ली' (मूंगफली) ग्रेवी के नाम से जानते हैं।

सुझाव

इसमें बड़े आकार की मिर्च का उपयोग करने का कारण यह है, कि पकने के बाद भी इनका आकार बना रहता है और ये ज़्यादा तीखे स्वाद की नहीं होती हैं।

क्ले पॉट ड्रंकन फिश ←

भरवाँ शिमला मिर्च

सामग्री

शिमला मिर्च .... १२ मध्यम आकार की
हरी मिर्च ३-४
प्याज .... १ मध्यम आकार का
अदरक .... १ इंच का टुकड़ा
ताज़ी धनिया पत्ती .... कुछ डंठल
पनीर .... १०० ग्राम
काजू ८-१०
किशमिश १२-१५

आलू .... ३ मध्यम आकार के
अमचुर .... २ छोटे चम्मच
लाल मिर्च पावडर .... १ १/२ छोटे चम्मच
जीरा पावडर .... १ छोटा चम्मच
गरम मसाला पावडर .... १ छोटा चम्मच
नमक .... स्वादानुसार
तेल .... २ बड़े चम्मच
कसा हुआ पनीर .... १/२ कप

विधि

१. शिमला मिर्च धोएं, ऊपरी भाग काटकर, बीजों को निकाल दें, जिससे मिर्च अन्दर से खोखली हो जाये। इसी तरह शिमला मिर्च के निचले भाग से पतला टुकड़ा काट दें, जिससे यह बेकिंग ट्रे में आसानी से रखी जा सके।

२. हरी मिर्च के डंठल निकालकर, धोएं, काट लें। प्याज और अदरक छीलकर, धोकर, काट लें। धनिया पत्ती धोकर, बारीक काट लें। पनीर कस लें। काजू को दरदरा पीस लें। किशमिश धोकर, पोंछकर सुखा लें।

३. आलुओं को धोकर, पोंछकर, एक माइक्रोवेव डिश में रखें और ढंककर माइक्रोवेव में 'हाई' (१००%) पर छः से सात मिनट तक पकायें। थोड़ा ठंडा होने दें, फिर छिलकर मसल लें।

४. मसले आलू, पनीर, काजू, किशमिश, अमचूर, लाल मिर्च पावडर, जीरा पावडर, गरम मसाला, धनिया पत्ती और नमक को अच्छे से मिला लें। एक तरफ रख दें।

५. एक माइक्रोवेव कटोरे में तेल, अदरक, प्याज, हरी मिर्च डालकर, इसे ढंककर माइक्रोवेव में 'हाई' (१००%) पर दो मिनट तक पकायें।

६. इसमें आलुओं का मिश्रण डालें, ढककर फिर से माइक्रोवेव में 'हाई' (१००%) पर दो मिनट तक पकायें। अच्छे से चलायें।

७. इस मिश्रण को बारह बराबर भागों में बाँटें, तैयार शिमला मिर्च में भरकर ऊपर से पनीर डाल दें। एक माइक्रोवेव प्लेट में रखें और बिना ढंके माइक्रोवेव में 'हाई' (९० %) पर चार मिनट तक पकायें।

८. गर्मागर्म परोसें।

नारियल मटर

सामग्री

मटर (छिली हुई) .... १$^{१/२}$ कप
नमक .... स्वादानुसार
प्याज .... १ मध्यम आकार का
अदरक .... $^{१/२}$ इंच का टुकड़ा
हरी मिर्च ३
तेल .... २ छोटे चम्मच
राई दाने .... $^{१/२}$ छोटा चम्मच
जीरा दाने .... $^{१/२}$ छोटा चम्मच
हींग .... $^{१/४}$ छोटा चम्मच
करी पत्ते ५-६

सजावट के लिए

नींबू का रस .... ३ छोटे चम्मच
नारियल (ताजा कसा हुआ) .... $^{१/४}$ कप

विधि

१. एक माइक्रोवेव कैसरोल में मटर को तीन कप पानी और स्वादानुसार नमक के साथ रखें। बिना ढके 'हाई' (१०० %) पर पाँच मिनट तक पकायें। निकालकर पानी निकाल दें, ठंडे पानी से धोकर अलग रख दें।

२. प्याज और अदरक छीलकर, धोकर बारीक काट लें। हरी मिर्च के डंठल को निकालकर, धोकर, चीरा लगा दें।

३. एक माइक्रोवेव कैसरोल में प्याज, हरी मिर्च, अदरक, तेल, राई, जीरा, हींग और करी पत्तों को मिला लें। बिना ढके माइक्रोवेव में 'हाई' (१०० %) पर तीन मिनट तक पकायें।

४. पके मटर और नमक डालें ढंककर माइक्रोवेव में 'हाई' (१०० %) पर तीन मिनट तक और पकायें । नींबू का रस, ताजा कसा नारियल डालकर अच्छे से मिलायें। तुरन्त परोसें।

आलू पालक भाजी

सामग्री

आलू .... ४ मध्यम आकार के
पालक .... १ मध्यम आकार का गुच्छा
प्याज .... १ मध्यम आकार का
तेल .... २ बड़े चम्मच
लहसुन .... ६-८ कलियां
हरी मिर्च ३-४
जीरा दाने .... १ छोटा चम्मच
धनिया पाउडर......................... २ छोटे चम्मच
नीबू का रस .... १/२ छोटा चम्मच
नमक .... स्वादानुसार
गरम मसाला पाउडर .... १/२ छोटा चम्मच

विधि

१. आलुओं को छीलकर धोएं, आधा इंच के चौकोर टुकड़ों में काट लें। पालक को अच्छे से धोकर पानी निकाल दें, बारीक-बारीक काट लें। प्याज और लहसुन छीलकर, बारीक काट लें। हरी मिर्च के डंठल निकालकर धोएं, बारीक काट लें।

२. एक बड़े माइक्रोवेव कैसरोल में तेल, जीरा, कटे प्याज और लहसुन को रखें। बिना ढंके माइक्रोवेव में 'हाई' (१००%) पर दो मिनट तक पकायें।

३. इसमें आलुओं को आधे कप पानी के साथ डालकर अच्छे से चलायें ढंककर माइक्रोवेव में 'हाई' (१००%) पर छ: मिनट तक पकायें।

४. पालक और हरी मिर्च डालकर, माइक्रोवेव में फिर से 'हाई' (१००%) पर छ: मिनट तक पकायें।

५. नींबू का रस, नमक और स्वादानुसार गरम मसाला पाउडर मिलाएं। गर्मागर्म परोसें।

चिली मस्टर्ड सॉस में सब्जियाँ

सामग्री

हरी मटर (छिली हुई)	१/२ कप	हरी मिर्च	३
फ्रेंच बीन्स	५-६	हरे प्याज़	२
फूल गोभी	१/२ छोटे आकार की	सरसों पेस्ट	१ बड़ा चम्मच
शिमला मिर्च	१ मध्यम आकार की	रेड चिली सॉस	३ बड़े चम्मच
गाजर	१ मध्यम आकार की	ताज़ी मलाई	१/२ कप
मशरूम	५-६	नमक	स्वादानुसार
तेल	२ बड़े चम्मच	कुटी काली मिर्च	१/४ छोटा चम्मच

विधि

१. एक माइक्रोवेव कटोरे में मटर को एक कप पानी के साथ डालें। बिना ढके माइक्रोवेव में 'हाई' (१००%) पर पाँच मिनट तक पकायें। निकाल कर ठंडे पानी में डालें।

२. फ्रेंच बीन्स के रेशे निकालकर, धोकर, आधे इंच वाले डायमंड आकार के टुकड़ों में काट लें। फूलगोभी धोकर, छोटे-छोटे टुकड़ों में काट लें। शिमला मिर्च को धोकर, बीजों को निकालकर, आधा इंच के टुकड़ों में काट लें। गाजर छीलकर, धोकर, आधे से.मी. मोटे टुकड़ों में तिरछा काट लें । मशरूम साफ कर, धोएं, स्लाइस कर लें हरी मिर्च धोकर, डंठल निकालकर, बारीक काट लें। हरे प्याज़ छीलकर, धोकर, बारीक काट लें।

३. एक माइक्रोवेव कटोरे में फूल गोभी, फ्रेन्च बीन्स और गाजर को एक कप पानी के साथ रखें, ढक कर माइक्रोवेव में 'हाई' (१००%) पर आठ मिनट तक पकायें। पानी निकाल दें, अलग रख दें।

४. एक गहरे माइक्रोवेव कैसरोल में तेल, हरी मिर्च, हरे प्याज, शिमला मिर्च को मिला लें और बिना ढंके माइक्रोवेव में 'हाई' (१००%) पर दो मिनट तक पकायें।

५. मटर, फूल गोभी, फ्रेन्च बीन्स, गाजर, मशरूम, सरसों पेस्ट, चिली सॉस और ताज़ी मलाई डालें। नमक और काली मिर्च पाउडर से स्वादिष्ट बना कर, ढंक कर माइक्रोवेव में 'हाई' (१००%) पर दो मिनट तक पकायें। गर्मागर्म परोसें।

रेशमी कोफ़्ता करी

सामग्री

कोफ़्ते के लिए

आलू .... ३ बड़े आकार के
पनीर (कसा हुआ) .... १/२ कप
हरी मिर्च २-३
किशमिश १०-१२
कार्नस्टार्च .... २ बड़े चम्मच
नमक .... स्वादानुसार
तेल .... ४-५ बड़े चम्मच

ग्रेवी के लिए

प्याज़ .... २ मध्यम आकार के
हरी मिर्च २-३
खसखस .... ३ बड़े चम्मच
दही .... १/२ कप
तेल .... २ बड़े चम्मच
अदरक पेस्ट .... १ बड़ा चम्मच
लहसुन पेस्ट .... १ बड़ा चम्मच
शक्कर .... १/२ छोटा चम्मच
लाल मिर्च पाउडर .... १ १/२ छोटे चम्मच
गरम मसाला पाउडर .... २ छोटे चम्मच
नमक .... स्वादानुसार
ताज़ी क्रीम .... ३/४ कप

सजावट के लिए

ताज़ी धनिया पत्ती .... कुछ डंठल

विधि

कोफ़्ते बनाने के लिए

१. आलुओं को धोकर, प्रत्येक को दो टुकड़ों में काट लें। एक माइक्रोवेव कटोरे में आलू को रखकर दो बड़े चम्मच पानी छिड़कें। ढंककर माइक्रोवेव में 'हाई' (१००%) पर छः मिनट तक पकायें। ठंडा होने दें।

२. हरी मिर्च के डंठल निकालकर, धोकर, बारीक काट लें। किशमिश धोकर, पानी से निकलकर सुखा लें।

३. आलू छीलकर मसल लें। कसे हुए पनीर, किशमिश, हरी मिर्च, कार्नस्टार्च और स्वादानुसार नमक के साथ मिला लें। इस मिश्रण को दस से बारह भागों में बाँटकर, बेलनाकार-बेल लें । प्रत्येक कोफ्ते पर तेल छिड़ककर 'टॉप' तथा 'बॉटम' पर पंद्रह मिनट तक ग्रिल करें। अलग रख दें।

ग्रेवी के लिए

४. प्याज छीलकर, धोकर, एक चौथाई भाग में काट लें। एक छोटे माइक्रोवेव कैसरोल में इसे आधे कप पानी के साथ रखें, ढंककर माइक्रोवेव में 'हाई' (१००%) पर पांच मिनट तक पकायें। ठंडा करें और पीस लें। हरी मिर्च की डंठल निकालकर, धोकर, बारीक काट लें।

५. खसखस दानों को एक चौथाई कप पानी में पंद्रह से बीस मिनट तक भिगाकर रखें। इसका पेस्ट बना लें । दही को एक चौथाई कप पानी के साथ फेंट लें।

६. एक गहरे माइक्रोवेव कैसरोल में तेल, प्याज, अदरक और लहसुन का पेस्ट, हरी मिर्च मिलाएं, बिना ढंके 'हाई' (१००%) पर तीन मिनट तक पकायें।

७. दही, खसखस पेस्ट, शक्कर, लाल मिर्च पावडर, गरम मसाला पावडर और स्वादानुसार नमक मिलायें। ढककर माइक्रोवेव में 'हाई' (१००%) पर तीन मिनट तक पकायें। ताज़ी क्रीम डालें। फिर बिना ढंके माइक्रोवेव में 'हाई' (१००%) पर एक मिनट तक और पकायें।

परोसने के लिए

८. धनिया पत्तियों को धोएं, सुखाकर बारीक काट लें।

९. एक परोसने वाली प्लेट में कोफ्तों को रखें, ग्रेवी डालकर, कटी धनिया पत्तियाँ छिड़कें, गर्मागर्म परोसें।

खट्टी-मीठी सब्जियाँ

सामग्री

- मशरूम ६
- हरी शिमला मिर्च .... २ मध्यम आकार की
- फ्रेन्च बीन्स ८-१०
- फूलगोभी....................... १/२ मध्यम आकार का
- प्याज .... २ मध्यम आकार के
- गाजर .... २ मध्यम आकार की

सॉस बनाने के लिए

- कार्नस्टार्च .... ३ १/४ बड़े चम्मच
- हरे प्याज २
- तेल .... २ बड़े चम्मच
- अदरक पेस्ट .... १/२ छोटा चम्मच
- लहसुन पेस्ट (वैकल्पिक) .... १/२ छोटा चम्मच
- कुटी काली मिर्च .... १/२ छोटा चम्मच
- मोनो सोडियम ग्लुटामेट .... १ चुटकी
- नमक .... स्वादानुसार
- वेजीटेबल स्टॉक* या पानी .... १ कप
- टमाटर केचप .... ३/४ कप
- सोया सॉस .... १ १/२ बड़ा चम्मच
- शक्कर .... ३ बड़े चम्मच
- सिरका .... १/३ कप

विधि

१. मशरूम को साफ कर, मोटी स्लाइस में काट लें। शिमला मिर्च धोकर, बीच से काटें, बीजों को निकालकर, दो सें.मी.के टुकड़ों में काट लें। फ्रेन्च बीन्स के रेशे निकालकर, धोकर, दो सें.मी.आकार के टुकड़ों में काट लें। फूलगोभी को एक इंच आकार के फूलों में अलगकर, अच्छे से धो लें। प्याज और गाजर छीलकर, धोकर, दो से.मी. के टुकड़ों में काट लें।

२. कच्चे प्याज को छीलकर, धोकर, स्लाइस कट लें। कच्चे प्याज के तीन चौथाई हरे भाग को धोकर, बारीक काट कर, सजाने के लिए एक तरफ रख लें।

३. एक माइक्रोवेव कटोरे में फ्रेन्च बीन्स, फूलगोभी और कटे हुए गाजर को एक कप पानी के साथ रखें। ढंक कर, माइक्रोवेव में 'हाई' (१००%) पर छः मिनट तक पकायें।

४. एक दूसरे कटोरे में एक चौथाई कप पानी में कार्नस्टार्च घोल लें।

५. एक गहरे माइक्रोवेव कैसरोल में तेल, अदरक पेस्ट, लहसुन पेस्ट, हरे प्याज, कुटी काली मिर्च, मोनो सोडियम ग्लुटामेट और नमक रखें। इन्हें अच्छे से मिलाकर, बिना ढंके माइक्रोवेव में 'हाई' (१००%) पर, दो मिनट तक पकायें।

६. वेजीटेबल स्टॉक, टमाटर केचप, सोया सॉस, शक्कर और सिरका डालकर अच्छे से मिलायें।

७. ढककर माइक्रोवेव में 'हाई' (१००%) पर छः मिनट तक पकायें। इसमें फ्रेन्च बीन्स, फूलगोभी, शिमला मिर्च, मशरूम, गाजर और प्याज डालकर अच्छे से मिलायें।

८. इसे ढककर माइक्रोवेव में 'हाई' (१००%) पर पांच मिनट तक पकायें। चलाते हुए, कार्नस्टार्च मिश्रण को इसमें मिलायें। बिना ढंके, माइक्रोवेव में फिर 'हाई' (१००%) पर आठ मिनट तक और पकायें।

९. हरे प्याज़ की पत्तियों से सजाकर, तुरंत गर्मागर्म परोसें।

टिप्पणी

*वेजीटेबल स्टॉक की विधि के लिए पृष्ठ क्रमांक १२४ देखें।

चिकन टेट्राजीनी

सामग्री

चिकन ब्रेस्ट्स (बोनलेस) .... २५० ग्राम
स्पैगटी (पास्ता) .... १०० ग्राम
तेल .... २ बड़े चम्मच
शिमला मिर्च .... १ छोटे आकार की
लाल शिमला मिर्च................ १ छोटे आकार की
पीली शिमला मिर्च .... १ छोटे आकार की
मशरूम ४-५
प्याज .... १ बड़े आकार का
लहसुन .... ५-६ कलियां
बेसिल पत्तियां ५-६
टमाटर .... ४ मध्यम आकार के
ओलिव तेल .... ४ बड़े चम्मच
कुटी काली मिर्च .... १/२ छोटा चम्मच
नमक .... स्वादानुसार
पनीर (कसा हुआ) .... १/३ कप

विधि

१. एक गहरे माइक्रोवेव कैसरोल में पांच कप पानी लें। एक बड़ा चम्मच तेल और स्वादानुसार नमक डालें, ढंककर माइक्रोवेव में 'हाई' (१०० %)पर दस से बारह मिनट तक गर्म करें।

२. अवन से पानी को निकालकर, इसमें पास्ता डालकर, इसे बिना ढंके माइक्रोवेव में 'हाई' (१०० %) पर चार मिनट तक पकायें। पानी निकाल दें, पास्ता को ठंडे पानी में डालें, फिर पानी निकाल दें। इसमें बचा तेल डालकर धीरे-धीरे मिलाएं जिससे पास्ता एक-दूसरे से अलग हो जायें। अलग रख दें।

३. चिकन ब्रेस्ट्स धोकर, एक इंच आकार के टुकड़ों में काट लें। शिमला मिर्च धोकर, आधा-आधा कर, बीज निकाल दें, एक इंच आकार के टुकड़ों में काट लें। मशरूम अच्छे से धोकर, साफ कर, मोटे टुकड़ों में काट लें। अदरक और लहसुन छीलकर, धोकर, बारीक काट लें। बेसिल पत्तियाँ धोकर, तोड़ लें। टमाटर धो कर, एक ब्लेंडर में प्यूरी बना लें।

४. एक माइक्रोवेव कटोरे में दो बड़े चम्मच ओलिव तेल, लहसुन, प्याज और तुलसी पत्तियों को रखें, बिना ढंके माइक्रोवेव में 'हाई' (१०० %) पर पाँच मिनट तक पकायें। इसमें टमाटर प्यूरी, नमक, कूटी हुई काली मिर्च डालें, ढंक कर, माइक्रोवेव में 'हाई' (१०० %) पर पाँच मिनट तक पकायें।

५. एक दूसरे माइक्रोवेव कटोरे में बचे दो बड़े चम्मच ओलिव तेल और चिकन के टुकड़े, मशरूम, शिमला मिर्च को रखें, ढंककर, माइक्रोवेव में 'हाई' (१०० %) पर तीन मिनट तक पकायें।

६. टमाटर सॉस पर पास्ता की एक पर्त फैलाएं। इस पर चिकन और सब्जी के मिश्रण की पर्त फैलाएं। सबसे ऊपर कसा हुआ पनीर रखें। बिना ढंके माइक्रोवेव में 'हाई' (१००%) पर तीन मिनट तक गर्म करें या, ग्रिल में 'टॉप' पर पाँच मिनट तक गर्म करें।

मुर्ग कोरमा

सामग्री

चिकन (बोनलेस)	६०० ग्राम	नमक	स्वादानुसार
काजू	१/२ कप	तेल	२ बड़े चम्मच
हरी मिर्च	२-३	तेज पत्ता	१
ताजी धनिया पत्तियां	कुछ डंठल	लौंग	४-५
दही	१ कप	हरी इलायची	४-५
अदरक-लहसुन पेस्ट	२ छोटे चम्मच	गरम मसाला पाउडर	१ छोटा चम्मच
लाल मिर्च पाउडर	१ छोटा चम्मच	सफेद मिर्च पाउडर	१/४ छोटा चम्मच
धनिया पाउडर	२ छोटे चम्मच	ताज़ी क्रीम	१/३ कप

विधि

१. चिकन धोकर, छाँटकर, एक इंच के चौकोर टुकड़ों में काट लें। काजुओं को तीन-चौथाई कप पानी में आधे घंटे डुबाकर रखें। पेस्ट बना कर अलग रख दें। हरी मिर्च के डंठल निकालकर, धोएं, काट लें। धनिया पत्तियों को धोकर, सुखाकर, काट लें।

२. दही को अदरक-लहसुन पेस्ट, हरी मिर्च, लाल मिर्च पाउडर, धनिया पाउडर और नमक के साथ फेंट लें। चिकन टुकड़ों को, इस मिश्रण में आधे घंटे तक मैरीनेट करें।

३. एक माइक्रोवेव कटोरे में तेल, तेज पत्ता, लौंग एवं इलायची को रखें, ढंककर, माइक्रोवेव में 'हाई' (१०० %) पर एक मिनट तक पकायें।

४. इसमें मैरीनेटेड चिकन डालें, ढंक कर माइक्रोवेव में 'हाई' (१०० %) पर चार मिनट पकायें। काजू का पेस्ट, गरम मसाला पाउडर, सफेद मिर्च पाउडर मिलायें। ढंककर, माइक्रोवेव में 'मीडियम' (७० %) पर आठ मिनट तक या चिकन के गलने तक पकायें।

५. क्रीम मिलाएं, कटी धनिया पत्तियों से सजाकर गर्मागर्म परोसें ।

सुझाव

यदि आप कोरमा को अधिक तीखा बनाना चाहते हैं तो अपने स्वाद के अनुसार, हरी मिर्च और सफेद मिर्च पाउडर की मात्रा बढ़ायें।

मिर्ची मुर्ग

सामग्री

चिकन लेग्स	४
ताज़ी धनिया पत्ती	कुछ डंठल
तेल	४ छोटे चम्मच
टमाटर की प्यूरी	४ बड़े चम्मच
शक्कर	१/४ छोटा चम्मच
नमक	स्वादानुसार

मैरीनेट करने के लिए

प्याज	१ मध्यम आकार का
अदरक	२ इंच का टुकड़ा
लहसुन	४ कलियां
हरी मिर्च	५-६
नींबू का रस	२ छोटे चम्मच
नमक	स्वादानुसार

पेस्ट बनाने के लिए

धनिया दाने	२ बड़े चम्मच
जीरा दाने	१ छोटा चम्मच
साबुत लाल मिर्च	४-५
दालचीनी	१ इंच का टुकड़ा
लौंग	४
हरी इलायची	४

विधि

१. चिकन लेग्स को साफ करें, धोकर, स्किन निकालकर, प्रत्येक लेग को बीच से दो टुकड़ों में काट लें। हरी धनिया पत्तियों को साफ करें, धोकर, काट लें।

२. प्याज और अदरक छीलकर, धोकर, मोटा-मोटा काट लें। लहसुन छीलकर मोटा काट लें। हरी मिर्च के डंठल निकालकर धोएं, काट लें। प्याज, लहसुन, अदरक और हरी मिर्च को पीस लें। नमक और नीबू का रस मिला दें।

३. इस मिश्रण को चिकन के टुकड़ों पर लगायें। ढककर, मैरीनेट होने के लिए चार से छः घंटे तक फ्रिज में रखें। बनाने के कम से कम आधा घंटा पहले इसे फ्रिज से बाहर निकाल लें।

४. इस बीच पेस्ट की सभी सामग्रियों को थोड़े पानी की सहायता से पीस लें।

५. एक माइक्रोवेव कैसरोल में मैरीनेटेड चिकन डालें। ढककर माइक्रोवेव में 'हाई' (१०० %) पर आठ मिनट तक पकायें। बीच में एक बार चलाएं। पेस्ट मिलाकर, ढककर, माइक्रोवेव 'हाई' (१०० %) पर तीन मिनट तक पकायें। बीच में एक बार चलाएं। घी, टमाटर प्यूरी, शक्कर एवं स्वादानुसार नमक डालें। ढंककर माइक्रोवेव में 'मीडियम' (७० %) पर दस मिनट तक पकायें।

६. हरी धनिया पत्तियों से सजाकर गर्मागर्म परोसें।

बटर चिकन

सामग्री

चिकन .... १ (८०० ग्राम)
नीबू का रस .... १ बड़ा चम्मच
कश्मीरी लाल मिर्च पाउडर .... १ छोटा चम्मच
नमक .... स्वादानुसार

मैरीनेशन के लिए

दही .... १ कप
नमक .... स्वादानुसार
अदरक पेस्ट .... २ बड़े चम्मच
लहसुन पेस्ट .... २ बड़े चम्मच
नीबू का रस .... २ बड़े चम्मच
गरम मसाला पाउडर .... १ छोटा चम्मच
सरसों तेल .... २ बड़े चम्मच
मक्खन .... २ बड़े चम्मच

ग्रेवी के लिये

हरी मिर्च २
कसूरी मेथी (सूखी) .... १/२ छोटा चम्मच
मक्खन .... २/३ कप
तेज पत्ते २
काली मिर्च १०
दालचीनी .... २ इंच का टुकड़ा
हरी इलायची ५
लौंग १०
अदरक पेस्ट .... १ बड़ा चम्मच
लहसुन पेस्ट .... १ बड़ा चम्मच
टमाटर प्यूरी .... २ कप
लाल मिर्च पाउडर .... १ बड़ा चम्मच
गरम मसाला पाउडर .... १/२ छोटा चम्मच
नमक .... स्वादानुसार
शहद .... ३ बड़े चम्मच
ताज़ी क्रीम .... १ कप

विधि

१. चिकन को साफ कर, स्किन निकालकर धोएं। आठ टुकड़ों में काट लें। ब्रेस्ट्स और लेग के टुकड़ों पर तेज धार वाले चाकू से चीरा लगाएं। इसमें कश्मीरी लाल मिर्च पाउडर, नींबू का रस और नमक का मिश्रण लगाकर, आधे घंटे के लिए अलग रख दें।

२. दही को एक मलमल के कपड़े में बाँध कर टांग दें, जिससे उसका सारा पानी निकल जाये। इसे एक कटोरे में डालकर नमक, अदरक पेस्ट, लहसुन पेस्ट, नींबू का रस, गरम मसाला पाउडर और सरसों तेल डालकर, अच्छी तरह मिला लें।

३. इस मिश्रण को चिकन के टुकड़ों पर लगायें और मैरीनेट होने के लिए तीन-चार घंटे तक फ्रिज में रखें। एक कनवेक्शन अवन को पहले से दो सौ डिग्री सेल्सियस पर गर्म करके रखें।

४. चिकन के टुकड़ों को भूनने वाली ट्रे या वायर रैक में रखकर, इसे पहले से दो सौ डिग्री सेल्सियस पर गर्म अवन में पन्द्रह से बीस मिनट तक, या चिकन के गलने तक पकायें। इसमें बीच-बीच में लगातार मक्खन लगाते रहें।

५. हरी मिर्च के डंठल निकालकर, धोकर, काट लें। एक माइक्रोवेव प्लेट में कसूरी मेथी रखकर माइक्रोवेव में 'हाई' (१००%) पर एक मिनट तक भूनें। निकाल कर हाथ से मसल लें।

६. एक गहरे माइक्रोवेव कटोरे में मक्खन डालकर बिना ढंके तीस सेकंड तक माइक्रोवेव में हाई' (१००%) पर गर्म करें। तेज पत्ते, काली मिर्च, दालचीनी, हरी इलायची, लौंग, अदरक पेस्ट, लहसुन पेस्ट एवं हरी मिर्च डालें। अच्छी तरह से चलाकर, बिना ढके माइक्रोवेव में 'हाई' (१००%) पर तीन मिनट तक पकायें।

७. टमाटर की प्यूरी, लाल मिर्च पाउडर, गरम मसाला पाउडर, नमक और आधा कप पानी डालें। ढककर, माइक्रोवेव में 'हाई' (१००%) पर दस मिनट तक पकायें।

८. चिकन के टुकड़े डालें, ढककर, माइक्रोवेव में 'हाई' (१००%) पर पाँच मिनट तक पकायें।

९. शहद, कसूरी मेथी और ताज़ी मलाई डालें। बिना ढंके माइक्रोवेव में 'लो' (५०%) पर चार मिनट तक पकायें। गर्मागर्म परोसें ।

तीखे टमाटर सॉस में चिकन और मशरूम

सामग्री

चिकन (बोनलेस) .... ५०० ग्राम
मशरूम १०-१२
हरा प्याज ३-४
लहसुन .... ५ कलियां
लाल मिर्च (कुटी हुई) .... १ बड़ा चम्मच
काली मिर्च ५-६
टमाटर .... १ बड़े आकार का
मक्खन .... २ बड़े चम्मच
नमक .... स्वादानुसार
टमाटर प्यूरी .... ३/४ कप
वूर्स्टरशायर सॉस .... १ १/२ छोटे चम्मच
शहद .... २ छोटे चम्मच
सूखा ओरेगानो .... १/४ छोटा चम्मच

विधि

१. चिकन को साफ कर, धोकर, एक इंच के टुकड़ों में काट लें। मशरूम को साफ कर, धोकर, एक चौथाई टुकड़ों में काट लें। हरे प्याज और इसकी दो-तीन हरी पत्तियों को धोकर मोटा काट लें। लहसुन छीलकर मोटा काट लें। काली मिर्च कूट लें।

२. टमाटर धोकर एक माइक्रोवेव कटोरे में एक चौथाई कप पानी में डालें, ढंक कर माइक्रोवेव में 'हाई' (१०० %) पर दो मिनट तक पकायें। निकाल कर ठंडे पानी में रखें। टमाटर छीलकर, दो टुकड़ों में काटें, बीजों को निकालकर, आधे सें.मी. के चौकोर टुकड़ों में काट लें।

३. एक गहरे माइक्रोवेव कटोरे में मक्खन, प्याज, लहसुन, चिकन के टुकड़े और नमक मिलाकर रखें। ढककर माइक्रोवेव में 'हाई' (१०० %) पर चार मिनट तक पकायें।

४. कटे टमाटर, टमाटर प्यूरी, कुटी लाल मिर्च, वूर्स्टरशायर सॉस, काली मिर्च और मशरूम डालें। ढक कर माइक्रोवेव में 'हाई' (१०० %) पर तीन मिनट तक पकायें।

५. शहद और सूखा ओरेगानो डालकर, ढककर माइक्रोवेव में 'हाई' (१०० %) पर दो मिनट तक पकायें। हरे प्याज़ की कटी हरी पत्तियाँ छिड़ककर, गर्मागर्म परोसें ।

क्ले पॉट ड्रंकन फिश

सामग्री

किंग फिश (सुरमई) .... ६०० ग्राम
अदरक .... २ इंच का टुकड़ा
लहसुन ....८-१० कलियां
काली मिर्च ५-६
नमक .... स्वादानुसार
फिश स्टॉक* .... ३ कप
शक्कर .... २ छोटे चम्मच
सोया सॉस .... $१^{१/२}$ छोटे चम्मच
व्हाइट वाईन .... $^{१/४}$ कप
हरा प्याज २

विधि

१. उचित आकार के ढक्कन सहित एक मिट्टी का बर्तन लें, धोकर, सूखने के लिए रख दें।

२. मछली को साफ कर, धोकर, आधे इंच के मोटे टुकड़ों में काट लें।

३. अदरक और लहसुन छीलकर, धोकर, काट लें। काली मिर्च कूट लें। हरे प्याज को इसकी हरी पत्तियों सहित धोकर, मोटा काट लें।

४. मिट्टी के बर्तन में अदरक, लहसुन, और तीन कप चिकन स्टॉक को मिलाएं, ढंककर माइक्रोवेव में 'हाई' (१०० %) पर तीन मिनट तक पकायें।

५. नमक, काली मिर्च, शक्कर, सोया सॉस, व्हाइट वाईन, हरे प्याज और उसकी हरी पत्तियों के साथ मछली को मिलाएं, ढककर माइक्रोवेव में 'हाई' (१००%) पर दस मिनट तक पकायें।

टिप्पणी
*फिश स्टॉक की रेसिपी के लिए पृष्ठ क्रमांक १२८ देखें।

सुझाव
यह व्यंजन पारम्परिक रूप से मिट्टी के बर्तन में बनाया जाता है, परन्तु कैसरोल में बनाने पर भी यह उतना ही स्वादिष्ट बनता है।

गोवा फिश करी

सामग्री

पॉमफ्रेट मछली .... ८०० ग्राम
प्याज़ .... १ मध्यम आकार का
टमाटर .... १ मध्यम आकार का
हरी मिर्च २-३
इमली ....नीबू के आकार का १ गोला
तेल .... २ बड़े चम्मच
नमक .... स्वादानुसार

पेस्ट के लिए

साबुत लाल मिर्च १०-१२
जीरा दाने .... १ छोटा चम्मच
धनिया दाने .... १ छोटा चम्मच
नारियल (ताजा कसा हुआ) .... ३/४ कप
लहसुन .... ६-८ कलियां
अदरक .... २ इंच का टुकड़ा
माल्ट सिरका .... १ बड़ा चम्मच
हल्दी पाउडर .... १/२ चम्मच

विधि

१. मछली साफ कर, धोकर, एक सेंटीमीटर चौड़ाई के आठ टुकड़ों में काट लें।

२. प्याज छीलकर, धोकर, बारीक काट लें। टमाटर धोकर बारीक काट लें। हरी मिर्च के डंठल निकालकर, धोकर, चीरा लगाएं, फिर इसे आधा-आधा काट लें। इमली को एक चौथाई कप पानी में भिगोएं, गूदा निकाल लें।

३. एक माइक्रोवेव पैन में, साबुत लाल मिर्च, जीरा, धनिया डालकर, माइक्रोवेव में 'हाई' (१००%) पर एक मिनट तक भूनें। इसे माइक्रोवेव से हटाकर, कसे नारियल, अदरक पेस्ट, लहसुन पेस्ट और माल्ट सिरके के साथ मिलाकर पेस्ट बना लें।

४. एक माइक्रोवेव कटोरे में तेल डालें, प्याज डालें और बिना ढके माइक्रोवेव में 'हाई' (१००%) पर चार मिनट तक पकायें।

५. इसमें टमाटर डालकर, बिना ढके माइक्रोवेव में 'हाई' (१००%) पर पाँच मिनट तक पकायें, बीच में दो बार चलाएं।

६. पिसा मसाला पेस्ट, हरी मिर्च और डेढ़ कप पानी डालें, ढंककर माइक्रोवेव में 'हाई' (१००%) पर आठ मिनट तक पकायें। मछली के टुकड़े, इमली का गूदा और नमक डालें, ढंक कर माइक्रोवेव में 'हाई' (१००%) पर पांच मिनट तक, या मछली के गलने तक पकायें।

७. पके चावलों के साथ गर्मागर्म परोसें ।

प्रॉन बालचाओ

सामग्री

झींगे (प्रॉन्स)/श्रिम्पस (छिले हुए) .... ५०० ग्राम
अदरक .... २ इंच का टुकड़ा
लहसुन .... १५-२० कलियां
जीरा दाना .... १ छोटा चम्मच
साबुत लाल मिर्च १२-१५
लौंग १०-१२
दालचीनी .... २ इंच का टुकड़ा
सरसों दाना .... १ छोटा चम्मच
माल्ट सिरका .... १ कप
प्याज .... २ मध्यम आकार के
टमाटर .... ४ मध्यम आकार के
तेल .... १/२ कप
शक्कर .... २ बड़े चम्मच
नमक .... स्वादानुसार

विधि

१. प्रॉन्स की नसें निकालकर, पानी से अच्छी तरह धोकर, अतिरिक्त पानी निकाल लें। नमक मिलाकर एक तरफ रख दें।

२. अदरक और लहसुन छीलकर धो लें।

३. अदरक, लहसुन, जीरा, समूची लाल मिर्च, लौंग, दालचीनी और सरसों को सिरका के साथ पेस्ट बना लें।

४. प्याज छीलकर, धोकर, बारीक काट लें। टमाटर धोकर, बारीक काट लें।

५. एक माइक्रोवेव कटोरे में तेल और प्याज डालें, बिना ढके माइक्रोवेव में 'हाई' (१००%) पर चार मिनट तक पकायें। पिसा मसाला पेस्ट और टमाटर डालें, ढककर माइक्रोवेव में 'हाई' (१००%) पर चार मिनट तक पकायें।

६. प्रॉन्स, नमक और शक्कर डालें, ढंककर माइक्रोवेव में 'हाई' (१००%) पर तीन मिनट तक पकायें। गर्मागर्म परोसें ।

सुझाव

आपको इस डिश के लिए बड़े आकार के प्रॉन्स उपयोग करने की आवश्यकता नहीं है, क्योंकि प्रॉन्स बाल्चाओ में छोटे आकार के प्रॉन्स स्वाद तो अच्छा देते ही हैं, साथ ही सस्ते भी होते हैं।

थाइ रेड करी सॉस में प्रॉन्स

सामग्री

झींगे (प्रॉन्स) .... १६ मध्यम आकार के
तेल .... २ बड़े चम्मच
नींबू का रस .... १ छोटा चम्मच
सोया सॉस .... १ छोटा चम्मच
कोकोनट मिल्क .... १ कप
बेसिल पत्तियां ६-८

रेड करी पेस्ट के लिए

प्याज .... १ मध्यम आकार का
लहसुन .... ४ कलियां
साबुत लाल मिर्च ८-१०
लेमन ग्रास के डंठल .... ४ इंच का टुकड़ा
धनिया दाने .... २ छोटे चम्मच
जीरा दाने .... १छोटा चम्मच
काली मिर्च ६
नमक .... स्वादानुसार

विधि

१. प्रॉन्स के शैल और नसें निकालकर अच्छी तरह धो लें। पानी निकाल कर सुखा लें। बेसिल पत्तियों को धो लें।

२. रेड करी पेस्ट बनाने के लिए प्याज छीलकर, धोकर, चौथाई टुकड़ों में काट लें। लहसुन छील लें। इन्हें बची सामग्रियों के साथ, थोड़ा पानी डालकर, पेस्ट बना लें।

३. एक गहरे माइक्रोवेव कटोरे में इस पेस्ट को तेल और तीन चौथाई कप पानी के साथ मिलाएं, बिना ढंके माइक्रोवेव में 'हाई' (१०० %) पर तीन मिनट तक पकायें।

४. नींबू का रस, सोया सॉस और बेसिल पत्तियां डालें, बिना ढके माइक्रोवेव में 'हाई' (१०० %) पर एक मिनट तक पकायें।

५. प्रॉन्स और कोकोनट मिल्क मिलाएं, ढककर माइक्रोवेव में 'हाई' (१०० %) पर तीन मिनट तक पकायें। स्वाद चख कर गर्मागर्म परोसें।

आटा सब्ज़ी कीश

सामग्री

पेस्ट्री बनाने के लिए

आटा १कप
नमक .... १ चुटकी
मक्खन .... १/२ कप
तेल .... ट्रे के लिए
राजमॉ .... १/४ कप

भरने के लिए

गाजर .... १ मध्यम आकार का
ज्यूकीनी .... १/२ मध्यम आकार की
मशरूम ४-५
शिमला मिर्च .... १ मध्यम आकार की
हरे प्याज़ २
सेलरी .... २ डंडियाँ
तेल .... १ बड़ा चम्मच
दूध .... १ कप
अंडे ३
चीज़ (कसा हुआ) .... १/२ कप
नमक .... स्वादानुसार
कुटी हुई काली मिर्च .... १/४ छोटा चम्मच

विधि

१. एक कनवेक्शन ओवन को पहले से एक सौ अस्सी डिग्री सेल्सियस पर गर्म करके रखें। एक नौ इंच की 'पाई डिश' को तेल लगा लें।

२. आटे को नमक के साथ छानकर ठंडे मक्खन के साथ मसल लें। तीन बड़े चम्मच ठंडे पानी की सहायता से इसे गूंधकर इसकी लोई बना लें। बहुत अधिक नहीं गूंथे, नहीं तो आपको इससे बने व्यंजन का सही रूप नहीं मिलेगा। इसे एक आटा लगी सतह पर आधा सेंमी. मोटा बेलकर पाई डिश पर रखें। इस पर एक बटर पेपर बिछाएँ, राजमा के कुछ दाने इसके ऊपर रखें (यह किनारों को टूटने और बेस को फूलने से बचाता है)। इसे पहले से एक सौ अस्सी डिग्री सेल्सियस पर गर्म ओवन में पंद्रह मिनट तक पकायें। बाहर निकालकर, बटर पेपर और राजमॉ के दानों को अलग कर लें।

३. गाजर धोकर, छीलकर, कस लें। ज़्यूकीनी को धोकर बारीक काट लें। मशरूम को साफ कर, धोकर, स्लाइस कर लें। शिमला मिर्च धोकर, बीच से काटें, बीजों को निकालकर, आधा सेंमी. के टुकड़ों में काट लें। हरे प्याज को छीलकर, धोकर, बारीक काट लें। सेलरी धोकर, एक सेंमी. आकार के टुकड़ों में काट लें।

४. एक माइक्रोवेव कैसरोल में तेल डालकर सब्जियां डालें। ढककर माइक्रोवेव में 'हाई' (१०० %) पर तीन मिनट तक पकायें।

५. एक दूसरे माइक्रोवेव कटोरे में दूध डालें और उसे ढककर माइक्रोवेव में 'हाई' (१०० %) पर दो मिनट तक पकायें। अंडे को फेंटकर दूध में मिलायें, साथ में चीज़ और पकी हुई सब्जियाँ भी डालें। नमक और काली मिर्च डालें।

६. इस घोल को अधपकी पेस्ट्री पर डालकर, पहले से गर्म ओवन में एक सौ अस्सी डिग्री सेल्सियस पर बीस मिनट तक पकायें। टुकड़ों में काटकर गर्मागर्म परोसें।

झटपट अंडा ऑमलेट

सामग्री

अंडे ८
प्याज .... २ मध्यम आकार के
हरी मिर्च .... ४ - ६
ताज़ी धनिया पत्ती .... कुछ डंठल
दूध .... ४ बड़े चम्मच
नमक .... स्वादानुसार
सफेद मिर्च पाउडर .... १/४ छोटा चम्मच
मक्खन .... ४ बड़े चम्मच

विधि

१. प्याज छीलकर, धोकर बारीक काट लें। हरी मिर्च की डंठल निकालकर, धोकर, बारीक काट लें।

२. ताज़ी धनिया पत्ती को धोकर बारीक काट लें।

३. अंडे फोड़कर फेंट लें और उसमें प्याज, हरी मिर्च, धनिया, दूध, नमक, और काली मिर्च डालकर इस मिश्रण को चार बराबर भागों में बाट लें।

४. एक समतल माइक्रोवेव डिश में एक बड़ा चम्मच मक्खन डालकर बिना ढंके माइक्रोवेव में 'हाई' (१००%) पर बीस सेकेंड तक गर्म करें। इसे बराबर फैलाएं और इस पर अंडे के मिश्रण के एक भाग को इस प्रकार डालें कि यह भी बराबर फैल जाये।

५. बिना ढके माइक्रोवेव में 'हाई' (१००%) पर तीन मिनट तक पकायें। एक मिनट रखकर इसे तुरन्त परोसें। यही विधि बचे हुए आमलेट बनाने में दोहराएं।

इमली चटनी

सामग्री

इमली (बीज रहित) .... १ कप
गुड़ (कसा हुआ) .... १¹/⁴ कप
दालचीनी .... १ इंच का टुकड़ा
काला नमक .... ¹/² छोटा चम्मच
लाल मिर्च पाउडर .... १ छोटा चम्मच
भूना जीरा पाउडर .... १ छोटा चम्मच
सूखा अदरक पाउडर .... १ ¹/² छोटे चम्मच
नमक .... स्वादानुसार
किशमिश .... २ बड़े चम्मच

विधि

१. इमली को दो कप पानी में भिगो दें। एक माइक्रोवेव कटोरे में बिना ढंके माइक्रोवेव में 'हाई' (१०० %) पर तीन मिनट तक पकायें। निकाल कर आधा घंटा इसी प्रकार रहने दें।

२. छानकर गूदा अलग कर लें। किशमिश को धोकर, सुखा लें।

३. एक माइक्रोवेव कटोरे में गुड़, दालचीनी, इमली का गूदा मिला लें। बिना ढंके माइक्रोवेव में 'हाई' (१०० %) पर बीस मिनट तक पकायें।

४. काला नमक, लाल मिर्च पाउडर, भूना जीरा पाउडर, सूखा अदरक पाउडर और स्वादानुसार नमक मिला लें। इसे माइक्रोवेव में 'हाई' (१०० %) पर तीन मिनट तक पकायें।

५. इसमें किशमिश डालकर, बिना ढके माइक्रोवेव में 'हाई' (१०० %) पर दो मिनट तक पकायें।

६. पूरी तरह ठंडा कर, हवाबंद डिब्बे में रख दें।

अंकुरित मूंग कढ़ी

सामग्री

अंकुरित मूंग .... ३/४ कप
अदरक .... १ इंच का टुकड़ा
दही .... १ कप
बेसन .... १/४ कप
गुड़ (कसा हुआ) .... १ बड़ा चम्मच
नमक .... स्वादानुसार
समूची लाल मिर्च ४
काली मिर्च ६-८
तेल.................................. २ बड़े चम्मच
मेथी दाने.......................... १/२ छोटा चम्मच
जीरा दाने .... १/२ छोटा चम्मच
करी पत्ते ७-८
हींग .... १/४ छोटा चम्मच

विधि

१. एक माइक्रोवेव कटोरे में अंकुरित मूंग को दो कप पानी के साथ रखें। इसे ढंककर माइक्रोवेव में 'हाई' (१०० %) पर पाँच मिनट तक पकायें। अतिरिक्त पानी निकाल कर अलग रख दें।

२. अदरक छीलकर, धोकर, बारीक काट लें।

३. दही और बेसन को अच्छे से फेंट लें। इसमें दो कप पानी डालकर अच्छे से मिलाएं । अदरक और गुड़ मिलायें ।

४. एक गहरे माइक्रोवेव कैसरोल में यह मिश्रण डालें और ढककर माइक्रोवेव में 'हाई' (१०० %) पर दस मिनट तक पकायें, पाँच मिनट में एक बार हिला लें। कुछ देर बाद यह मिश्रण साधारण गाढ़ा हो जायेगा। तब इसे ताप से हटाकर स्वादानुसार नमक डालें। पकी हुई मूंग डालकर माइक्रोवेव में 'हाई' (१०० %) पर और पाँच मिनट पकायें।

५. समूची लाल मिर्च को दो टुकड़ों में तोड़ लें। काली मिर्च को दरदरा कूट लें।

६. एक माइक्रोवव कैसरोल में तेल डालें। इसमें लाल मिर्च, काली मिर्च, मेथी बीज, जीरा बीज, करी पत्ती और हींग डालें। बिना ढंके माइक्रोवेव में 'हाई' (१०० %) पर दो मिनट तक पकायें। निकाल कर कढ़ी में डालें।

७. उबले हुए चावल के साथ गर्मागर्म परोसें।

राजमाँ मसाला

सामग्री

राजमॉ	१ कप	ताज़ी धनिया पत्ती	कुछ डंठल
बेकिंग सोडा	१/४ छोटा चम्मच	तेल	४ बड़े चम्मच
प्याज	२ मध्यम आकार के	लाल मिर्च पाउडर	१ छोटा चम्मच
लहसुन	७-८ कलियां	धनिया पाउडर	२ छोटे चम्मच
अदरक	१ इंच का टुकड़ा	जीरा पाउडर	१ छोटा चम्मच
टमाटर	४ मध्यम आकार के	नमक	स्वादानुसार
हरी मिर्च	२-३	गरम मसाला पाउडर	१ १/२ छोटे चम्मच

विधि

१. चार कप पानी में बेकिंग सोडा डालकर उसमें एक कप राजमा को रात भर डुबाकर रखें। पानी निकालकर, ताजे पानी से धोएं। एक गहरे माइक्रोवेव कैसरोल में पाँच कप ताजा पानी डालकर, माइक्रोवेव में 'हाई' (१०० %) पर लगभग एक घंटे तक पकायें। हर पन्द्रह मिनट में चला लें। इसे उंगली से दबाकर देख लें कि यह पका है कि नहीं।

२. अदरक, लहसुन और प्याज छीलकर, धोकर पेस्ट बना लें। टमाटर धोकर, एक ग्राइन्डर में प्यूरी बना लें।

३. हरी मिर्च धोकर, डंठल निकालकर, बारीक काट लें। धनिया पत्तियों को साफ कर, धोकर, काट लें।

४. एक माइक्रोवेव कैसरोल में तेल, प्याज, लहसुन और अदरक का पेस्ट, हरी मिर्च डालें, बिना ढंके माइक्रोवेव में 'हाई' (१००.%) पर पाँच मिनट तक पकायें। लाल मिर्च पाउडर, धनिया पाउडर, जीरा पाउडर डालकर, बिना ढंके माइक्रोवेव में 'हाई' (१०० %) पर एक मिनट तक पकायें।

५. इसमें टमाटर प्यूरी मिलायें और ढंककर माइक्रोवेव में 'हाई' (१०० %) पर आठ मिनट तक पकायें, बीच में दो बार चला लें।

६. उबले राजमा को दो कप पानी और नमक के साथ डालें। ढक कर माइक्रोवेव में 'हाई' (१०० %) पर दस मिनट तक पकायें। निकाल कर अच्छे से चला लें।

७. गरम मसाला पावडर डालें। कटी हुई हरी धनिया पत्तियों से सजायें। उबले हुए चावल के साथ गर्मागर्म परोसें।

रोजमर्रा की दाल

सामग्री

तुअर या अरहर दाल .... ¹/² कप
प्याज .... २ मध्यम आकार के
टमाटर .... ३ मध्यम आकार के
लहसुन .... २-४ कलियां
हरी मिर्च २
ताज़ी धनिया पत्ती .... कुछ डंठल
साबुत लाल मिर्च २-३
नमक .... स्वादानुसार
सरसों दाने .... ¹/² छोटा चम्मच
जीरा दाने .... ¹/² छोटा चम्मच
तेल .... २ बड़े चम्मच
हींग .... १ चुटकी

विधि

१. तुअर या अरहर दाल को एक घंटे तक पानी में भिगोकर रखें। पानी निकाल दें।

२. प्याज छीलकर, धोकर और बारीक काटकर एक तरफ रख दें। टमाटर धोकर, काट लें। लहसुन छीलकर, कूट लें। हरी मिर्च के डंठल निकालकर, धोकर, चीरा लगा लें। धनिया पत्ती साफ कर, धोकर, बारीक काट लें। लाल मिर्च को दो टुकड़ों में तोड़ लें।

३. एक गहरे माइक्रोवेव कटोरे में दाल को कटी हरी मिर्च, प्याज, लहसुन, टमाटर, नमक और चार कप पानी के साथ डालें, ढककर, माइक्रोवेव में 'हाई' (१०० %) पर पच्चीस मिनट तक पकायें।

४. पकी दाल को एक गोल चम्मच से अच्छी तरह चलाएं, साथ ही थोड़ा दबाकर मसलें।

५. एक दूसरे माइक्रोवेव कटोरे में तेल, सरसों दाने, जीरा दाने, समूची लाल मिर्च और हींग लेकर, बिना ढके माइक्रोवेव में 'हाई' (१०० %) पर तीन मिनट तक पकायें।

६. पकी हुई दाल में तड़का डालें। अच्छी तरह मिला लें। कटी धनिया पत्ती छिड़ककर, गर्मागर्म परोसें।

रोजमर्रा की दाल, राजमॉ मसाला और अंकुरित मूंग कढ़ी →

राजमाँ मसाला, रोजमर्रा की दाल और अंकुरित मूंग कढ़ी

मिक्सड फ्रूट चटनी, पेप्पर चिली सॉस, स्वीट चिली सॉस और झटपट टोमैटो सॉस

मिक्स्ड फ्रूट चटनी

सामग्री

बादाम	१५-१६
सेब	१ बड़े आकार का
प्लम/आलुबुखारा	४
आम	१
खजूर	१ कप
अदरक	२ इंच का टुकड़ा
अन्नानास	४ स्लाइस
किशमिश	१/४ छोटा चम्मच
जीरा दाने	१/२ छोटा चम्मच
धनिया दाने	१/२ छोटा चम्मच
कलौंजी	१/२ छोटा चम्मच
सौंफ	१/२ छोटा चम्मच
दालचीनी	१ इंच का टुकड़ा
साइडर सिरका	१/४ कप
भूरी शक्कर या गुड़	१ कप
लाल मिर्च पाउडर	१ छोटा चम्मच
नमक	स्वादानुसार

विधि

१. बादाम को स्लाइस कर लें। सेब धोकर, बीच का कड़ा भाग निकाल कर बारीक काट लें। आलुबुखारा धोकर, गुठली अलग कर, बारीक काट लें। आम छीलकर, धोकर, बारीक काट लें। खजूर साफ कर, गुठली अलग कर बारीक काट लें। अदरक धोकर, छीलकर, बारीक काट लें। अननास की स्लाइस को एक से.मी. के चौकोर टुकड़ों में काट लें। किशमिश धोकर सुखा लें ।

२. एक बड़े, गहरे माइक्रोवेव कटोरे में, जीरा दाने, धनिया दाने, कलौंजी, सौंफ, दालचीनी, बादाम को मिलाकर बिना ढके माइक्रोवेव में 'हाई' (१०० %) पर पांच मिनट तक पकायें ताकि मसाला भुन जाए और बादाम हल्का भूरा हो जाए।

३. इसमें सेब, आलुबुखारा, आम, खजूर, अननास, किशमिश, अदरक और सिरका डालें। ढंक कर माइक्रोवेव में 'हाई' (१०० %) पर दो मिनट तक पकायें।

४. भूरी शक्कर या गुड़, लाल मिर्च पाउडर और नमक डालें। ढंककर माइक्रोवेव में 'हाई' (१०० %) पर बीच-बीच में चलाते हुए बीस मिनट तक पकायें।

टिप्पणी

यदि पकाते समय चटनी बहुत गाढ़ी हो जाये तो उसमें बचा हुआ अननास का रस डालें। यदि बीस मिनट के बाद चटनी पर्याप्त गाढ़ी न हो, तो उसे बिना ढंके और दो से तीन मिनट तक पकायें। इसे ठंडा होने दें और डिब्बे में भरकर फ्रिज में रखें।

मिक्स्ड फ्रूट चटनी, स्वीट चिली सॉस और झटपट टोमैटो सॉस ←

पेप्पर चिली सॉस

सामग्री

शिमला मिर्च .... ३ मध्यम आकार की
टमाटर .... ६ मध्यम आकार के
प्याज .... १ मध्यम आकार का
काली मिर्च ७-८
लौंग ४-५
दालचीनी .... १ इंच का टुकड़ा
ब्राउन शुगर .... १/२ कप
सिरका .... १/४ कप
लाल मिर्च पाउडर .... १ छोटा चम्मच
तेज पत्ता १
नमक .... स्वादानुसार

विधि

१. शिमला मिर्च धोकर, बीज निकालकर, आधा सें.मी. के चौकोर टुकड़ों में काट लें। टमाटर धोकर, बारीक काट लें। प्याज छीलकर, धोकर, बारीक काट लें। काली मिर्च कूट लें।

२. एक माइक्रोवेव प्लेट में लौंग और दालचीनी को दो मिनट तक माइक्रोवेव में 'हाई' (१०० %) पर सूखा भून कर दरदरा पीस लें।

३. एक बड़े माइक्रोवेव कटोरे में टमाटर, प्याज, भूरी शक्कर, सिरका, लौंग-दालचीनी पाउडर, लाल मिर्च पावडर, तेज पत्ता रखें। ढंक कर माइक्रोवेव में 'हाई' (१०० %) पर पन्द्रह मिनट तक पकायें।

४. शिमला मिर्च, नमक और ताजी कूटी हुई काली मिर्च डालकर चलाएं । बिना ढंके माइक्रोवेव में 'हाई' (१०० %) पर, पन्द्रह मिनट या मिश्रण के गाढ़ा होने तक पकायें।

५. तेज पत्ता निकाल दें, सॉस को एक गर्म, साफ जार में डाल दें।

६. इसे ढककर बंद कर दें। फ्रिज में रखना सर्वोत्तम रहता है।

स्वीट चिली सॉस

सामग्री

कश्मीरी लाल मिर्च	१८-२०
टमाटर	२ मध्यम आकार के
लहसुन	३-४ कलियां
शक्कर	२ बड़े चम्मच
तेल	१ बड़ा चम्मच
सोया सॉस	१ बड़ा चम्मच
नमक	स्वादानुसार

विधि

१. मिर्च के डंठल और बीज निकाल दें। टमाटर धोकर, काट लें। लहसुन को छीलकर, काट लें। इन सभी को पीस लें।

२. एक माइक्रोवेव कैसरोल में शक्कर और तेल डालें, बिना ढके माइक्रोवेव में 'हाई' (१०० %) पर दो मिनट तक पकायें।

३. पेस्ट, सोया सॉस, स्वादानुसार नमक और एक कप पानी डालें, अच्छे से मिलाएं। बिना ढके माइक्रोवेव में 'हाई' (१०० %) पर दो मिनट तक पकायें। बाहर निकालकर एक बार चला लें। बिना ढंके माइक्रोवेव में 'हाई' (१०० %) पर दो मिनट तक पकायें। ठंडा हो जाने पर परोसें।

झटपट टोमैटो सॉस

सामग्री

टमाटर .... ६ मध्यम आकार के
गाजर .... १ छोटे आकार की
प्याज .... १ छोटे आकार का
लहसुन .... ६-८ कलियां
तेल .... २ बड़े चम्मच
बेसिल पत्तियां १०
कूटी हुई काली मिर्च .... १ छोटा चम्मच
नमक .... स्वादानुसार
शक्कर .... १/२ छोटा चम्मच

विधि

१. टमाटर धोकर चार टुकड़ों में काट लें। गाजर छीलकर, धोकर, आधा सें.मी. के चौकोर टुकड़ों में काट लें। प्याज छीलकर, धोकर, काट लें। लहसुन छीलकर, कूट लें।

२. एक माइक्रोवेव कटोरे में तेल डालकर इसे माइक्रोवेव में 'हाई' (१०० %) पर एक मिनट तक गर्म करें। माइक्रोवेव से हटाकर इसमें गाजर, लहसुन एवं प्याज डालें। ढंक कर माइक्रोवेव में 'हाई' (१०० %) पर, छः मिनट तक पकायें।

३. टमाटर, बेसिल पत्ती, कूटी हुई काली मिर्च, नमक और शक्कर डालें। ढक कर माइक्रोवेव में 'हाई' (१०० %) पर छः मिनट तक पकायें। बीच में एक बार चलाएं।

४. निकाल कर ठंडा होने दें। इस मिश्रण को ब्लेण्डर में प्यूरी कर लें। काँच की बोतल में भर कर रखें।

सुझाव

इस विधि में आप बेसिल की जगह तुलसी की पत्तियों का इस्तेमाल कर सकते हैं।

आटे की ब्रेड

सामग्री

आटा .... ३ कप या ३५० ग्राम
मैदा .... १ कप या १२०ग्राम
दूध .... १$^{१/४}$ कप
ताज़ा यीस्ट (खमीर) .... १$^{१/२}$ बड़े चम्मच
वेजीटेबल घी .... २ बड़े चम्मच
ब्राउन शुगर .... १ बड़ा चम्मच
शक्कर .... $^{१/२}$ छोटा चम्मच
नमक .... २ छोटे चम्मच
तेल ....ट्रे के लिए

विधि

१. एक ब्रेट के टिन को तेल लगाएं, थोड़ा सा आटा छिड़ककर अलग रखें।

२. एक छोटी कटोरी में ताज़े खमीर को शक्कर और एक चौथाई कप पानी के साथ डालें।

३. मैदा, आटा एवं नमक को एक साथ मिलाकर छान लें। इसके बीच में एक गड्ढा बनाकर उसमें खमीर का मिश्रण डालें। किनारों से कुछ आटे को बीच की तरफ लाते हुए तेजी से पेस्ट बना लें। बचे हुए आटे से ढककर उसे वैसा ही, ढककर, खमीर उठने के लिए पन्द्रह मिनट तक रख दें।

४. इसमें दूध मिलाकर नरम आटा गुंध लें। आटे में घी डालकर थोड़ा और गुंधें।

५. एक साफ कटोरे में थोड़ा आटा छिड़क कर आटे को खमीर उठने के लिए उस पर डेढ़ घंटे तक पतले, गीले कपड़े से ढंककर रखें। इसे एक बार गूंधकर और दस मिनट तक रखें।

६. आटे को तकिये जैसा आकार दें, पहले से तेल लगाकर तैयार किये गए ब्रेड टिन में फिर पतले, गीले कपड़े से ढककर रखें। इसे तीस मिनट तक, या आकार में दुगुना होते तक रखें।

७. एक कनवेक्शन ओवन को पहले से दो सौ तीस डिग्री सेल्सियस पर गर्म करके रखें।

८. अब ब्रेड टिन गर्म ओवन में एक घंटे तक पकायें। यह पका है या नहीं, यह जांचने के लिये एक चम्मच से इसकी निचली सतह पर ठोक कर देखें। यदि खोखले होने की आवाज आये तो समझें ब्रेड बन गई है। टिन को ओवन से हटाकर वायर रैक में रखकर ठंडा होने दें।

टिप्पणी
आटे को खूब अच्छे से गूँधना बहुत आवश्यक है क्योंकि इससे सभी सामग्रियाँ अच्छी तरह मिल जाती हैं और आटे का खमीर खिंचता है जिससे आटा अच्छी तरह फूलता है,और ब्रेड मुलायम बनती है।

सुझाव
ब्राउन-ब्रेड बनाते समय आप होलमील आटे में भूसी या चोकर भी मिला सकते हैं। इससे ब्रेड ज़्यादा पौष्टिक हो जायेगी।

○ कनवेक्शन पाक-विधि

बेसिक पिज़्ज़ा ब्रेड

सामग्री

मैदा .... १$^{१/२}$ कप
सूखा यीस्ट (खमीर) .... १$^{१/२}$ छोटे चम्मच
शक्कर .... १ छोटा चम्मच
नमक .... १ छोटा चम्मच
तेल.................................. १$^{१/२}$ बड़े चम्मच

विधि

१. एक चौथाई कप पानी लेकर माइक्रोवेव में 'हाई' (१०० %) पर आधा मिनट तक गर्म करें।
२. खमीर को गर्म पानी में शक्कर के साथ मिलाकर, इसके झागदार होने तक एक तरफ रख दें।
३. इस झागदार खमीर को मैदे में मिलायें। नमक और एक बड़ा चम्मच तेल डालें। इसमें लगभग आधा कप पानी और डालकर, नरम गूंध लें।
४. आटे को गीले कपड़े से ढंककर, गर्म जगह पर, लगभग पैंतालिस मिनट तक या इसके आकार में दुगुना होने तक रखें।
५. इसे एक बार फिर से गूंधें, गीले और पतले कपड़े से ढंककर, दस से पन्द्रह मिनट तक रख दें।
६. एक कनवेक्शन ओवन को पहले से दो सौ डिग्री सेल्सियस पर गर्म करके रखें।
७. पिज़्ज़ा के आटे को चार भागों में बांटें, प्रत्येक लोई को मध्यम मोटाई और आठ इंच गोलाई की रोटी में बेल लें। इनमें एक चाकू की सहायता से सभी तरफ छिद्र कर दें। एक बेकिंग ट्रे को थोड़े तेल से चिकना करें, पिज़्ज़ा बेस को इसके ऊपर रखें।
८. इन्हें पहले से गर्म किये ओवन पर आठ मिनट तक बेक करें।

ब्रेड स्टिक्स

सामग्री

मैदा .... १ कप
नमक .... $^{१/२}$ छोटा चम्मच
सूखा यीस्ट (खमीर) .... $१^{१/२}$ छोटे चम्मच
शक्कर .... $^{१/२}$ छोटा चम्मच
वेजीटेबल घी .... $१^{१/४}$ छोटे चम्मच
अंडा .... १ (वैकल्पिक)
तिल दाना, कलौंजी, खसखस ..... आवश्यकतानुसार
तेल..ट्रे के लिए

विधि

१. एक माइक्रोवेव कटोरे में तीन चौथाई कप पानी लेकर उसे माइक्रोवेव में 'लो' (४० %) पर दो मिनट तक गर्म करें।

२. एक कप पानी में खमीर और शक्कर डालकर इस पर गुनगुना पानी डालें।

३. मैदा और नमक एक साथ मिलाकर छान लें। इसे एक बड़े कटोरे में रखें। अब इसके बीच में एक जगह बना लें।

४. मैदे में बने जगह में तरल खमीर मिश्रण डालकर मिला लें। इसमें घी डाले और यदि जरूरत हो तो थोड़ा पानी डालकर दस मिनट तक हल्का गूंधें, एक चिकनी किंतु कड़ी लोई बना लें। एक गीले कपड़े से ढककर आकार में दुगुना होने तक रखें। लोई को फिर से गूंधकर और दस मिनट तक ढककर रखें। फिर हल्की मैदा छिड़की सतह पर इसे बेलकर एक चौथाई इंच मोटा आयताकार में बना लें।

५. एक कनवेक्शन ओवन को पहले से दो सौ तीस डिग्री सेल्सियस पर गर्म करके रखें।

६. बेली हुई लोई को एक से. मी. चौडी और आठ से. मी. लंबी पट्टियों में काट लें। प्रत्येक पट्टी को हाथ से गोल आकार दें।

७. इन स्टिक को एक तेल लगी बेकिंग ट्रे में रखें। अंडे को हल्का फेंट लें। ब्रेड स्टिक पर हल्का सा अंडा लगाएं और इस पर तिल के दानें / कलौंजी के दानें / खसखस दाने छिड़कें।

८. पहले से दो सौ तीस डिग्री सेल्सियस पर गर्म ओवन में इन्हें पन्द्रह मिनट तक पकाएं, फिर ताप को एक सौ नब्बे डिग्री सेल्सियस पर कम करके और दस मिनट तक पकायें।

९. अवन से निकालकर ठंडा करें और हवाबंद डिब्बे में भर कर रख लें।

सुझाव

ग्रिसिनी (ब्रेड स्टिक्स) के ऊपर समुद्री नमक, सूखे हर्ब्स या अजवाईन छिड़क कर इनका स्वाद और बढ़ाया जा सकता है।

○ कनवेक्शन पाक-विधि

पालक और मशरूम रिसोटो

सामग्री

उकड़ा चावल .... १ १/२ कप
प्याज .... १ मध्यम आकार का
लहसुन .... ४-५ कलियां
ताज़े मशरूम ४-५
पालक .... १/२ गुच्छा
मक्खन .... ५ बड़े चम्मच
सफेद वाइन .... १ कप
वेजीटेबल स्टाक* या पानी .... ३ १/२ कप
नमक .... स्वादानुसार
पारमेजाँ चीज़ (कसा हुआ) .... ३/४ कप
कुटी हुई काली मिर्च................ १/२ छोटा चम्मच
ताज़ी क्रीम .... १/२ कप

विधि

१. चावल धोएँ, पर्याप्त पानी में दो घंटे तक भिगो कर रखें। पानी निकालकर चावल अलग रख दें। प्याज छीलकर, धोकर बारीक काट लें। लहसुन को छीलकर बारीक काट लें। मशरूम को साफ कर, धोकर स्लाइस कर लें।

२. पालक पानी में साफ कर, धोकर, मोटा काट लें।

३. एक गहरे माइक्रोवेव कैसरोल में तीन बड़े चम्मच मक्खन, प्याज, लहसुन और मशरूम को मिलाएं।बिना ढके माइक्रोवेव में 'हाई' (१००%) पर तीन मिनट तक पकायें।

४. इसमें चावल, वाइन, वेजीटेबल स्टाक का आधा भाग और नमक डालकर माइक्रोवेव में 'हाई' (१००%) पर दस मिनट तक पकायें।

५. बचा हुआ स्टाक मिलाएं, माइक्रोवेव में 'हाई' (१००%) पर दस मिनट तक और पकायें।

६. चीज़, कूटी हुई काली मिर्च, पालक, मलाई डालकर अच्छे से मिलायें। बिना ढके माइक्रोवेव में 'हाई' (१००%) पर दो मिनट तक पकायें। बचे हुए दो बड़े चम्मच मक्खन मिलाए। गर्मागर्म परोसें।

टिप्पणी

*वेजीटेबल स्टॉक की विधि के लिए पृष्ठ क्रं.१२४ देखें।

पालक और मशरूम रिसोटो →

पालक और मशरूम रिसोटो

चिली पनीर भरवाँ क्रोएजाँ

चिली पनीर भरवाँ क्रोएजाँ

सामग्री

क्रोएजाँ बनाने के लिए

मैदा .... ४ कप + थोडा सा

मिल्क पाउडर .... २ १/२ बड़े चम्मच

नमक .... २ बड़े चम्मच

ताजा यीस्ट (खमीर) .... १ बड़ा चम्मच

शक्कर .... ३ बड़े चम्मच

मक्खन .... ११/४ कप

अंडा १

भरने के लिए ....

पनीर .... १०० ग्राम

कॉर्नस्टार्च .... ३/४ बड़े चम्मच

नमक .... स्वादानुसार

सोया सॉस .... १/२ बड़ा चम्मच

चिली सॉस .... १/२ बड़ा चम्मच

प्याज .... १ छोटे आकार का

लहसुन .... २-३ कलियां

हरी मिर्च ३-४

शिमला मिर्च .... १/२ मध्यम आकार की

काली मिर्च २-३

तेल................................ १ छोटा चम्मच

मोनो सोडियम ग्लुटामेट..................... १ चुटकी

सिरका............................... १/२ बड़ा चम्मच

विधि

आटे के लिए

१. एक कटोरे में मैदा, मिल्क पाउडर और नमक मिलायें। आधे कप पानी में खमीर और शक्कर को घोलें और पन्द्रह मिनट तक रखे रहने दें। मक्खन को फ्रीजर में ठंडा होने के लिए रख दें।

२. मैदे में खमीर का मिश्रण मिलायें। इसमें तीन चौथाई कप एकदम ठंडा पानी डालकर, गूंध लें। गीले, पतले कपड़े से ढककर, गर्म जगह पर तीस से चालीस मिनट तक फूलने के लिए रख दें।

३. ठंडे मक्खन को पतले-पतले टुकड़ों में काट लें।

४. आटे को फिर से गूंधें, थोड़ा-सा मैदा छिड़कते हुए, इसे ४० से.मी. चौडे और ७० से.मी. लंबे के आयताकार में बेल लें। अतिरिक्त मैदा झाड़ दें।

५. मक्खन के ठंडे-पतले टुकड़ों को आयताकार लोई के दो-तिहाई भाग में जमा कर रखें। खाली एक-तिहाई भाग को मध्य की तरफ मोड़ें और बचे एक-तिहाई भाग को इसके ऊपर मोड़ते हुए, पुस्तक के मोड़ जैसा बना लें। किनारों को अच्छे से बंद करें, ताकि मक्खन बाहर न निकल सके।

६. पेस्ट्री को फिर से उसी आकार में बेलें और फिर पुस्तक जैसा मोड़ दें। इसे एक क्लिंग फिल्म से ढक कर आधे घंटे के लिए फ्रिज में रखें ताकि नमी अन्दर न जा सके।

७. यही विधि बिना मक्खन लगाये दो बार दोहरायें। लोई को फिर से उसी आयताकार रूप में बेलकर, दोनों किनारों को काट दें।

८. इसे तेज धार के चाकू से लम्बाई में दो पट्टियों में काटें। फिर दो त्रिकोण में काटें जिसके सभी किनारे एक समान नाप (करीबन पन्द्रह से.मी.) के हों।

भरावन के लिए

९. पनीर को एक से.मी. के चौकोर टुकड़ों में काट लें। आधा कार्नस्टार्च, नमक, आधा सोया सॉस और आधा चिली सॉस मिलाकर पनीर के टुकड़े इसमें डालें, आधे घंटे के लिए मैरीनेट होने दें।

१०. प्याज छीलकर, धोकर, बारीक काट लें। लहसुन छीलकर, बारीक काट लें। हरी मिर्च के डंठल अलग करें, धोकर बारीक काट लें। शिमला मिर्च धोकर, आधा करके बीज निकाल दें, एक से.मी. के चौकोर टुकड़ों में काट लें। बचे कार्नस्टार्च को दो बड़े चम्मच पानी में घोल लें। काली मिर्च को दरदरा कूट लें।

११. एक माइक्रोवेव कटोरे में एक छोटा चम्मच तेल डालकर लहसुन, प्याज और हरी मिर्च डालें। बिना ढके माइक्रोवेव में 'हाई' (१०० %) पर दो मिनट तक पकायें।

१२. शिमला मिर्च डालें, बिना ढके माइक्रोवेव में 'हाई' (१०० %) पर दो मिनट तक पकायें। बचा सोया सॉस, चिली सॉस, मोनो सोडियम ग्लुटामेट, नमक, कुटी हुई काली मिर्च और घुला कार्नस्टार्च मिलायें। ढक कर माइक्रोवेव में 'हाई' (१०० %) पर दो मिनट तक पकायें।

१३. इसमें मैरीनेट किये हुए पनीर के टुकड़े डालें और बिना ढंके माइक्रोवेव में 'मीडियम' (७० %) पर दो मिनट तक पकायें। सिरका मिलायें और ठंडा होने के लिए अलग रख दें।

क्रोएजाँ बनाने के लिए

१४. एक कनवेक्शन ओवन को पहले से दो सौ दस डिग्री सेल्सियस पर गर्म करके रखें।

१५. त्रिकोणाकार लोई को थोड़ा सा आटा लगी सतह पर रखें। एक बड़ा चम्मच पनीर मिश्रण लोई पर रखें। अर्धचन्द्राकार आकार में लपेट लें।

१६. इन्हें एक बेकिंग ट्रे में रखकर सबके ऊपर हल्के से अंडा लगा दें। इसे एक गर्म तथा नमी वाली जगह में तीस मिनट तक, आकार में दुगुना होने तक के लिये रख दें।

१७. क्रोएजाँ को पहले से गर्म अवन में पन्द्रह मिनट तक पकायें। ताप कम करके एक सौ नब्बे डिग्री सेल्सियस करें और दस मिनट तक और पकायें। तुरंत गर्मागर्म परोसें।

भाप में पके चावल

सामग्री

बासमती चावल .... १^१/२ कप   नमक .... स्वादानुसार

विधि

१. चावल को धोकर, पर्याप्त पानी में एक घंटे तक भिगोकर रखें।

२. चावल का पानी निकाल दें, चावल एक बड़े माइक्रोवेव कटोरे में डालें। इसमें तीन कप पानी और नमक डालकर अच्छे से मिला दें। ढककर, माइक्रोवेव में 'हाई' (१००%) पर तेरह मिनट तक पकायें।

३. परोसने के पहले पांच मिनट तक माइक्रोवेव में रखे रहने दें।

सब्ज बिरयानी

सामग्री

बासमती चावल .... $1^{1/2}$ कप
हरे मटर (छिली हुई) .... $^{1/2}$ कप
गाजर .... १ मध्यम आकार की
फूल गोभी .... $^{1/4}$ छोटे आकार की
फ्रेंच बीन्स ४-५
प्याज .... ३ मध्यम आकार के
टमाटर .... २ मध्यम आकार के
हरी मिर्च २
अदरक .... १ इंच का टुकड़ा
ताज़ी धनिया पत्ती .... कुछ डंठल
घी .... ३ बड़े चम्मच
जीरा दाने .... १ छोटा चम्मच
काली इलाइची २
हरी इलाइची ४
लौंग ४-५
दालचीनी .... १ इंच का टुकड़ा
तेज पत्ता १
दही.. $^{1/2}$ कप
लाल मिर्च पाउडर .... १ छोटा चम्मच
धनिया पाउडर........................ १ बड़ा चम्मच
हल्दी पाउडर .... $^{1/2}$ छोटा चम्मच
नमक .... स्वादानुसार

सजावट के लिए

ताज़ी पुदीना पत्तीयाँ .... कुछ डंठल
केसर .... ४-५ दाने
दूध .... $^{1/4}$ कप
तेल....................................... २ बड़े चम्मच
केवड़ा जल .... कुछ बूंदें

विधि

१. बासमती चावल दो बार धो लें और तीन कप पानी में आधा घंटे के लिए भिगो दें। बाद में पानी निकाल कर चावल अलग रख दें।

२. हरे मटर धो लें। गाजर धो कर बारीक काट लें। फूलगोभी धोकर छोटे-छोटे टुकड़ों में काट लें। फ्रेंच बीन्स के रेशे निकाल कर धोएं और काट लें। एक प्याज़ छील कर धोएं, बारीक काट लें और बाकी स्लाइस कटले टमाटर धो कर बारीक काट लें। हरी मिर्च के डंठल हटा कर मिर्च धोएं और बारीक काट लें। अदरक छील कर धोएं और बारीक काट लें। धनिया पत्ती छांट कर धोएं और बारीक काट लें।

३. एक माइक्रोवेव कैसरोल में चावल, पाँच कप पानी और स्वादानुसार नमक डालें । ढंककर माइक्रोवेव में 'हाई' (१००%) पर दस मिनट तक पकायें। निकाल कर अतिरिक्त पानी निकाले, अलग रख दें।

४. एक अन्य माइक्रोवेव कटोरे में प्याज की स्लाइस और दो बड़े चम्मच तेल डालें। बिना ढंके माइक्रोवेव में 'हाई' (१००%) पर चार मिनट तक पकायें। हटा कर प्याज़ कागज पर निकालें।

५. केसर को दूध में भिगोएं। पुदीना पत्ती साफ कर, धोकर, मोटे टुकड़ों में काट लें।

६. एक बड़े माइक्रोवेव कैसरोल में तीन बड़े चम्मच घी, कटे प्याज, अदरक, जीरा, हरी मिर्च, काली इलायची, हरी इलायची, लौंग, दालचीनी और तेज पत्ते के साथ डालें। बिना ढके माइक्रोवेव में 'हाई' (१००%) पर तीन मिनट तक पकायें।

७. मटर, गाजर, फूल गोभी, फ्रेन्च बीन्स, टमाटर, धनिया पत्ती, दही, लाल मिर्च पाउडर, धनिया पाउडर, हल्दी पाउडर और स्वादानुसार नमक को डेढ़ कप पानी के साथ मिलायें। ढंककर माइक्रोवेव में 'हाई' (१००%) पर बारह मिनट तक पकायें।

८. एक अन्य बड़े माइक्रोवेव कैसरोल में आधी सब्जियाँ रखें और उसे चावल के आधे भाग से ढंक दें। इसी क्रम से और पर्तें बनाएं। ढककर माइक्रोवेव में 'हाई' (१००%) पर बीस मिनट तक पकायें।

९. चावल पर केसर, प्याज की पकी स्लाइसें, पुदीना पत्तियां और केवड़ा जल डालें, ढंककर माइक्रोवेव में 'हाई' (१००%) पर दस मिनट तक पकायें। गर्मागर्म परोसें।

चिकन पुलाव

सामग्री

बासमती चावल .... १ १/४ कप
चिकन (बोनलेस) .... २५० ग्राम
प्याज .... १ मध्यम आकार का
टमाटर .... २ मध्यम आकार के
दही .... १/४ कप
अदरक पेस्ट .... २ बड़े चम्मच
लहसुन पेस्ट .... २ बड़े चम्मच
नमक .... स्वादानुसार
घी .... २ बड़े चम्मच
हरी इलाइची ३
दालचीनी .... १ इंच का टुकड़ा
जीरा दाने .... १/२ छोटा चम्मच
तेज पत्ता १
लौंग ३
लाल मिर्च पाउडर .... १ छोटा चम्मच
चिकन स्टॉक* या पानी........................ २ कप
केवड़ा जल .... १ छोटा चम्मच

विधि

१. चावल दो बार धोएं, पर्याप्त पानी में एक घंटे तक भिगोकर रखें। पानी निकालकर चावल अलग रख दें।
२. चिकन अच्छे से धोकर पानी निकाल दें। डेढ़ इंच के चौकोर टुकड़ों में काट लें।
३. प्याज छीलकर, धोकर स्लाइस काट लें। टमाटर धोकर काट लें।
४. दही, अदरक पेस्ट और लहसुन पेस्ट को एक साथ मिला लें। इसमें चिकन एवं स्वादानुसार नमक डालें। एक घंटे तक मैरीनेट होने दें।
५. एक माइक्रोवेव कैसरोल में घी, हरी इलाइची, दालचीनी, जीरा दाने, तेज पत्ता, लौंग और प्याज मिलायें। बिना ढके माइक्रोवेव में 'हाई' (१००%) पर दो मिनट तक पकायें।
६. टमाटर और लाल मिर्च पावडर डालें। बिना ढके माइक्रोवेव में 'हाई' (१००%) पर पाँच मिनट तक पकायें।
७. चिकन को मैरीनेड के साथ डालें। ढककर माइक्रोवेव में 'हाई' (१००%) पर तीन मिनट तक पकायें।
८. चावल और चिकन स्टॉक डालकर ढंक दें। माइक्रोवेव में 'हाई' (१००%) पर पन्द्रह मिनट तक पकायें। पाँच मिनट तक इसे ऐसे ही रहने दें।
९. परोसने के पहले इस पर केवड़ा जल छिड़कें।

टिप्पणी

*चिकन स्टॉक की विधि के लिए पृष्ठ १२५ देखें।

सुझाव

इस पुलाव को बनाने के लिए आप बोन वाले चिकन का भी उपयोग कर सकते हैं।

आचार्य खिचड़ी

सामग्री

चावल	१ कप
मूंग दाल	३/४ कप
गाजर	१/२ मध्यम आकार की
आलू	१ मध्यम आकार का
टमाटर	२ मध्यम आकार के
फ्रेंच बीन्स	४-५
घी	२ बड़े चम्मच
लौंग	४
दालचीनी	१ इंच का टुकड़ा
हल्दी पाउडर	१/२ छोटा चम्मच
लाल मिर्च पाउडर	१ छोटा चम्मच
जीरा दाने	१ छोटा चम्मच
नमक	स्वादानुसार

विधि

१. चावल और मूंग दाल एक साथ धो लें। पर्याप्त पानी में एक घंटे तक भिगोकर रखें। पानी निकाल दें, अलग रख दें।

२. गाजर और आलू छीलकर, धोकर, आधे इंच के चौकोर टुकड़ों में काट लें। टमाटर धोकर, आधे इंच के टुकड़ों में काट लें। फ्रेंच बीन्स को धोकर, रेशे निकल दें, आधे इंच के टुकड़ों में काट लें।

३. एक बड़े माइक्रोवेव कैसरोल में चावल, मूंग दाल, गाजर, आलू, फ्रेंच बीन्स, टमाटर, घी, लौंग, दालचीनी, हल्दी पाउडर, लाल मिर्च पाउडर, जीरा दाने, नमक डालकर, चार कप पानी मिलाये। एक बार चलाकर, ढंककर माइक्रोवेव में 'हाई' (१००%) पर बीस मिनट तक पकायें। गर्मागर्म परोसें।

सुझाव

इस व्यंजन का यह नाम यह इसलिए पड़ा, क्योंकि मंदिरों और गुरुकुलों में इसे भोजन के रुप में परोसा जाता था। गुरुकुलों में शिक्षकों को आचार्य कहा जाता था।

फार्म हाउस फ्रूट केक

सामग्री

मैदा .... २ १/४ कप
काजू-किशमिश .... १/२ कप
अंडे.. ३
बेकिंग पाउडर .... १/२ छोटा चम्मच
दालचीनी पाउडर .... १/२ छोटा चम्मच
तेल .... १/२ कप
ब्राउन शुगर .... ३/४ कप
दूध .... ३/४ कप
शहद .... १ बड़ा चम्मच

विधि

१. काजू को मोटा काट लें। किशमिश धोकर, सुखा लें। अंडे फेंट लें। एक ८ इंच चौड़ी और ३ इंच लंबी आयताकार केक टिन में तेल लगाएं, इस पर मैदा छिड़क दें। एक कनवेक्शन ओवन को एक सौ अस्सी डिग्री सेल्सियस पर गर्म करके रखें।

२. मैदे को बेकिंग पाउडर और दालचीनी पाउडर के साथ मिलाकर एक मिक्सिंग बॉउल में छान लें। तेल मिलाकर मिश्रण को ब्रेड के चूरे जैसा होने तक अच्छे से मसलें।

३. मिश्रण में शक्कर और सूखे मेवे मिलायें।

४. एक जग में दूध, अंडे और शहद मिलायें। इसे मैदे वाले मिश्रण में डालें। अच्छे से मिलायें।

५. इस मिश्रण को पहले से तैयार केक टिन में डालकर, एक सौ अस्सी डिग्री सेल्सियस पर पहले से गर्म ओवन में पैंतालिस मिनट तक पकायें। पका है या नहीं, यह जांचने के लिये केक में एक चाकू या सींख डाल कर देखें। यदि यह साफ - सुथरा वापस निकलता है, तो इसका मतलब है कि केक अच्छे से पक गया है।

६. ओवन से निकालें। टिन में से निकालने से पहले इसे टिन में ही पांच मिनट तक ठंडा होने दें। स्लाइस में काट कर परोसें।

○ कनवेक्शन पाक-विधि

फार्म हाउस फ्रूट केक और चॉकलेट ब्राउनीज

गाजर हलवा और कलाकन्द

कलाकन्द

सामग्री

दूध .... ५ कप
टार्टरिक पाउडर .... १/४ छोटा चम्मच
शक्कर .... ३/४ कप
कॉर्नस्टार्च .... १ छोटा चम्मच

सजावट के लिए
हरी इलाइची पाउडर .... १ छोटा चम्मच
पिस्ता ५-६

विधि

१. एक काँच के कटोरे में पिस्ते, आधे कप पानी में डालकर रखें। बिना ढके माइक्रोवेव में 'हाई' (१००%) पर पाँच मिनट तक पकायें। पानी निकाले, पिस्ते छीलकर स्लाइस कर लें।

२. एक गहरे माइक्रोवेव कैसरोल में दूध डालें, बिना ढके, माइक्रोवेव में 'हाई' (१००%) पर दस मिनट तक पकायें। पाँच मिनट तक ठंडा करें, टार्टरिक पाउडर डालें और चलाते हुए शक्कर मिलाएं। बिना ढंके माइक्रोवेव में 'हाई' (१००%) पर दस मिनट तक पकायें। दूध धीरे-धीरे जमना शुरू होगा। चम्मच से दूध को चलाने पर छोटे - छोटे दाने चम्मच में चिपकने लगेंगे।

३. इस दानेदार दूध को एक गीले, महीन कपड़े से छानकर इसका ठोस भाग इकट्ठा कर लें। इसे एक छलनी से निकलकर कॉर्नस्टार्च मिला दें।

४. इस मिश्रण को एक माइक्रोवेव प्लेट पर लगभग आधा सेन्टीमीटर की मोटाई में फैलाएं, बिना ढके माइक्रोवेव में 'हाई' (१००%) पर चार मिनट तक पकायें।

५. हरी इलाइची पाउडर और पिस्ता छिड़कें । ठंडा होने दें। जब जम जाये, तब मनचाहे आकार में काट लें और परोसें।

गाजर हलवा

सामग्री

गाजर	८-१० मध्यम आकार की	हरी इलाइची पाउडर	१/४ छोटा चम्मच
दूध	२ कप	काजू	८-१०
खोया (कसा हुआ)	१ कप	किशमिश	१०-१५
शक्कर	३/४ कप	बादाम	४-५
शुद्ध घी	३ बड़े चम्मच	चांदी का वर्क़	१ पन्नी

विधि

१. गाजर छीलकर, धोकर, कस लें। अपनी ही नमी से पकाने के लिये गाजर को एक गहरे माइक्रोवेव कैसरोल में, ढक कर माइक्रोवेव में 'हाई' (१००%) पर दस मिनट तक पकने दें।

२. किशमिश धोकर सुखा लें। एक छोटे से काँच के बाउल में एक चौथाई कप पानी भरकर बादाम रखें। बिना ढंके माइक्रोवेव में 'हाई' (१००%) पर दो मिनट तक पकायें। पानी निकालकर, बादाम छीलकर स्लाइस कर लें।

३. पकी हुई गाजर में दूध डालें, ढककर माइक्रोवेव में 'हाई' (१००%) पर आठ मिनट तक पकायें। पाँच मिनट तक ऐसे ही रख दें।

४. अच्छे से चलाएं, खोया और शक्कर डालकर फिर से चलायें। ढककर माइक्रोवेव में 'हाई' (१००%) पर आठ मिनट तक और पकायें। इसे तीन मिनट तक ऐसे ही रखे रहने दें।

५. घी और हरी इलाइची पाउडर डालें। अच्छे से मिलाकर, ढककर फिर से माइक्रोवेव में 'हाई' (१००%) पर दस मिनट तक पकायें।

६. कटे हुए काजू, बादाम की स्लाइस और किशमिश से सजायें। ढककर माइक्रोवेव में 'हाई' (१००%) पर पाँच मिनट तक पकायें।

७. चांदी के वर्क़ से सजाकर, ठंडा या गर्म परोसें।

टिप्पणी

गर्म परोसने के लिये, परोसने के पहले इसे एक मिनट तक माइक्रोवेव में 'हाई' (१००%) पर फिर से गर्म करें। पकाने का समय कम करने के लिये दूध और शक्कर की जगह मीठे कंडेन्स्ड मिल्क का उपयोग कर सकते हैं।

सुझाव

अच्छा परिणाम पाने के लिये मौसमी दिल्ली गाजर (ये अधिक मीठे और लाल होते हैं।) का उपयोग करें।

चॉकलेट ब्राउनीज

सामग्री

डार्क कुकिंग चॉकलेट	१०० ग्राम	केस्टर शुगर (चीनी)	१ कप
मैदा	१ कप	अंडे	२
बेकिंग पाउडर	१ छोटा चम्मच	वनीला एसेंस	१ छोटा चम्मच
अखरोट (छिला हुआ)	१/२ कप	तेल	टिन के लिए
मक्खन	९० ग्राम		

विधि

१. मैदा और बेकिंग पाउडर छानकर एक तरफ रखें। अखरोट काट लें। एक गोल माइक्रोवेव डिश में तेल लगाएं और बटर पेपर की तह लगाएं।

२. एक बड़े माइक्रोवेव बाउल में चॉकलेट और मक्खन मिलाएं, बिना ढके माइक्रोवेव में 'हाई' (१००%) पर एक मिनट तक नर्म होने दें।

३. अंडा, शक्कर और वनीला एसेंस फेंटकर अच्छे से मिला लें। इसमें छना मैदा और सूखा मेवा डालकर अच्छे से मिला लें।

४. मिश्रण को तेल और बटर पेपर लगी डिश में डालें। डिश को एक पलटी हुई सॉसर (प्लेट) में रखकर, बिना ढके माइक्रोवेव में 'हाई' (१००%) पर सात मिनट तक पकायें। पाँच मिनट तक इसे ऐसे ही रहने दें।

५. एक सींख डाल कर देखें, यदि साफ वापस निकलती है तो ब्राउनीज अच्छे से पक गई है ।यदि नहीं, तो इसे बिना ढंके माइक्रोवेव में 'मीडियम' (६०%) पर दो मिनट तक और पकायें।

६. वायर रैक पर रखकर ठंडा करें। चौकोर टुकड़ों में काटकर चाय या कॉफी के साथ परोसें।

सुझाव

बेकिंग डिश को पलटी सॉसर पर रखें, क्योंकि ऐसा रखने से हवा नीचे की ओर प्रवाहित होगी। इससे नीचे का आधार समान रूप से पकेगा।

चोकोनट फज

सामग्री

डार्क चॉकलेट .... १०० ग्राम
मिक्स्ड नट्स(बादाम, काजू, पिस्ता) .... १/२ कप
मक्खन (बिना नमक का) .... ४ बड़े चम्मच
दूध .... २ बड़े चम्मच
वनीला एसेंस .... १/२ छोटा चम्मच
आइसिंग शुगर .... १ कप

विधि

१. काजू, बादाम और पिस्ता बारीक काट लें।

२. चॉकलेट को छोटे-छोटे टुकड़ों में तोड़ लें। मक्खन को छोटे-छोटे टुकड़ों में काट लें और दोनों को एक गहरे माइक्रोवेव बाउल में रखें।

३. इसे बिना ढके माइक्रोवेव में 'हाई' (१००%) पर एक मिनट तक पकायें। बाहर निकाले और चला लें। बिना ढंके दो मिनट तक, या चॉकलेट के पूरी तरह पिघलकर उसमें बुलबुले उठने तक पकायें।

४. चॉकलेट के मिश्रण में दूध और एसेंस डालकर चलाएं। लगातार चलाते हुए धीरे-धीरे आइसिंग शक्कर डालते जायें। सूखे मेवे डालकर अच्छे से मिला लें।

५. एक उथली परोसने वाली डिश में डालें, फ्रिज में पन्द्रह से बीस मिनट तक, या इसके जमने तक ठंडा करें। फ्रिज से निकाल कर चौकोर टुकड़ों में काट लें।

चावल की खीर

सामग्री

चावल .... ¹/₄ कप
काजू.. १०-१२
किशमिश १२-१४
हरी इलाइची पाउडर .... ¹/₂ छोटा चम्मच
केसर .... १ चुटकी
दूध .... ५ कप
शक्कर .... ५ बड़े चम्मच

विधि

१. चावल बीनकर, धोकर, एक कप पानी में दो घंटे तक भिगोकर रखें। पानी निकाल दें, अलग रखें। काजुओं के दो टुकड़े कर लें। किशमिश धोकर सुखा लें। केसर को एक बड़े चम्मच गुनगुने दूध में भिगोए ।

२. एक गहरे माइक्रोवेव बाउल में दूध डालें, ढककर, माइक्रोवेव में 'हाई' (१००%) पर पच्चीस मिनट तक उबाल लें।

३. चावल डालकर चलाएं। ढककर माइक्रोवेव में 'मीडियम' (७० %) पर दस मिनट तक पकायें। चावल पका है कि नहीं, इसकी जाँच कर लें।

४. शक्कर डालकर अच्छे से मिला लें। ढककर माइक्रोवेव में 'मीडियम' (७० %) पर पाँच मिनट तक पकायें।

५. हरी इलाइची पाउडर, केसर, काजू और किशमिश डालें। ढककर माइक्रोवेव में 'मीडियम' (७० %) पर फिर से पकायें।

६. गर्म या एकदम ठंडा परोसें।

सुझाव
चावल के पूरी तरह पकने के लिए, इसके पक जाने के बाद ही शक्कर डालें।

क्रीम कैरेमल

सामग्री

कैरेमल
शक्कर .... $^{१/४}$ कप
कस्टर्ड
अंडा ४-५
दूध .... २ $^{१/२}$ कप
शक्कर .... $^{१/२}$ कप
वनीला ऐसेंस .... कुछ बूंदें
जायफल पाउडर .... $^{१/४}$ छोटा चम्मच

विधि

१. कैरेमल बनाने के लिये एक माइक्रोवेव कटोरे में शक्कर और एक बड़ा चम्मच पानी डालें, बिना ढके माइक्रोवेव में 'हाई' (१००%) पर डेढ़ से दो मिनट तक, या पिघलने तक पकायें। इसे एक सांचे (मोल्ड) में डालें, ठंडा होकर जमने दें।

२. एक कटोरे में दूध डालकर माइक्रोवेव में 'हाई' (१००%) ताप पर पाँच मिनट तक गर्म करें। थोड़ा ठंडा होने दें।

३. एक कनवेक्शन ओवन को पहले से दो सौ डिग्री से. ग्रेड पर गर्म करके रखें।

४. एक कटोरे में अंडे फोड़ कर डालें, शक्कर डालकर धीरे से फेंट कर अच्छे से मिला लें।

५. गर्म दूध और वनीला ऐसेंस डालकर अच्छे से मिला लें।

६. इस मिश्रण को छानकर, सांचे में रखे कैरेमल में डालें। जायफल पाउडर छिड़कें। सांचे को अल्युमिनियम पन्नी से ढककर रखें।

७. पहले से गर्म ओवन में पैंतालीस मिनट तक पकायें। पका है या नहीं, यह जाँचने के लिये एक चाकू या सींख डाल कर देखें। यह साफ - सुथरा वापस निकलना चाहिए। दस से पन्द्रह मिनट तक ऐसे ही रहने दें। परोसने वाली प्लेट पर पलट दें। गर्म या ठंडा परोस सकते हैं।

सूजी और बादाम हलवा

सामग्री

सूजी / रवा .... १ कप
बादाम .... १ कप
घी .... १/२ कप
शक्कर .... २ कप
दूध .... ६ कप
केसर .... कुछ लच्छे
हरी इलायची पाउडर............. १ १/२ छोटे चम्मच

विधि

१. एक माइक्रोवेव डिश में सूजी रखकर, बिना ढके, माइक्रोवेव में 'हाई' (१००%) पर तीन मिनट तक भूनें।

२. एक काँच के बाउल में डेढ़ कप पानी के साथ बादाम रखें। बिना ढके, माइक्रोवेव में 'हाई' (१००%) पर तीन मिनट तक पकायें। पानी निकालकर, ठंडे पानी से धोकर बादाम छील लें। माइक्रोवेव डिश में रख कर बिना ढके, माइक्रोवेव में 'हाई' (१००%) पर तीन मिनट तक पकायें जिससे यह कुरकुरा हो जायेगा। निकाल कर ठंडा करें, काट लें। थोड़ा सा सजावट के लिए रख लें।

३. एक गहरे माइक्रोवेव कैसरोल में भूनी हुई सूजी और घी मिलायें। ढक कर, माइक्रोवेव में 'हाई' (१००%) पर तीन मिनट तक पकायें।

४. अच्छे से चलाकर इसमें शक्कर, दूध, केसर, हरी इलायची पाउडर डालें। ढंककर माइक्रोवेव में 'हाई' (१००%) पर पाँच मिनट तक पकायें।

५. कटा हुआ बादाम डालें, माइक्रोवेव के पावर को 'लो' (४० %) पर कर दें। बिना ढके बारह मिनट या गाढ़े होने तक पकायें।

६. अच्छे से चला लें। बचे हुए कटे बादाम छिड़क कर गर्मागर्म परोसें।

सरल स्ट्रॉबेरी सॉस के साथ केबिनेट पुडिंग

सामग्री

अंडे	५
शक्कर	³/⁴ कप
वेनिला ऐसेंस	२ - ३ बूंदें
दूध	२ ¹/² कप
किशमिश	¹/² कप
चाशनी में रखे संतरे के छिलके	१ छोटा टुकड़ा
अखरोट (छिला हुआ)	¹/⁴ कप
स्पंज केक	४ स्लाइस
मक्खन	एक छोटा चम्मच
स्ट्रॉबेरी सॉस के लिये	
स्ट्रॉबेरी जैम	¹/⁴ कप
चेरी	१६ - १८

विधि

१. एक कटोरे में अंडे तोड़कर शक्कर और वनीला ऐंसेस के साथ हल्के से मिला लें।

२. एक माइक्रोवेव कटोरे में दूध डालें, माइक्रोवेव में 'हाई' (१००%) पर एक मिनट तक गर्म करें। दूध और अंडे के मिश्रण को फेंट कर मिलाएं। छानकर अलग रखें।

३. किशमिश धोकर सुखा लें। चाशनी में रखे संतरे के छिलके एवं अखरोट की गिरी काट लें। स्पंज केक को एक इंच के टुकड़ों में काट लें। एक कनवेक्शन ओवन को पहले से दो सौ डिग्री से. ग्रेड पर गर्म कर लें।

४. चार अवन प्रूफ कटोरों में मक्खन लगाएं और कटे हुए मेवे एवं केक के टुकड़े छिड़क दें।

५. इनमें दूध और अंडे का मिश्रण धीरे से डालें, अल्युमिनियम पन्नी से ढंक दें।

६. एक बड़ी बेकिंग डिश में गर्म पानी डालें। इसमें कटोरे रखें। पहले से गर्म अवन में पैंतालीस से पचास मिनट तक पकायें। पके होने की जांच करने के लिए चाकू या सींख डाल कर देखें। चाकू या सींख को साफ - सुथरा वापस निकलना चाहिए। अवन से निकाल कर पूरी तरह ठंडा कर लें। अलग-अलग पुडिंग को स्ट्रॉबेरी सॉस डालकर परोसें।

७. स्ट्रॉबेरी सॉस के लिए, स्ट्रॉबेरी जैम को एक कप पानी में मिलायें। ढककर, माइक्रोवेव में 'हाई' (१००%) पर छ:मिनट तक पकायें। तीन मिनट के बाद एक बार चलाएं। इसमें चेरी डालकर, ढककर, माइक्रोवेव में 'हाई' (१००%) पर दो मिनट तक पकायें।

सरल स्ट्रॉबेरी सॉस के साथ कैबिनेट पुडिंग

ज़ाफ़रानी पुलाव

ज़ाफरानी पुलाव

सामग्री

बासमती चावल	२ कप	जायफल पाउडर	$^{१/४}$ छोटा चम्मच
बादाम	२०	हरी इलायची पाउडर	$^{१/२}$ छोटा चम्मच
काजू	१२	शक्कर	$^{१/२}$ कप
घी	४ बड़े चम्मच	दूध	$^{१/२}$ कप
केसर	एक चुटकी	किशमिश	२५-३०

विधि

१. चावल को दो बार धोकर पर्याप्त पानी में भिगोकर आधे घंटे तक रखें। अतिरिक्त पानी निकाल लें।

२. काजू को एक माइक्रोवेव डिश पर रखें, बिना ढके, माइक्रोवेव में 'मीडियम' (७०%) पर पाँच मिनट तक पकायें। आधा कप पानी भरे काँच की छोटी कटोरी में बादाम रखें। बिना ढके, माइक्रोवेव में 'हाई' (१००%) पर तीन मिनट तक पकायें। पानी निकालकर, बादाम छीलें, स्लाइस कर लें। काजुओं को आधा-आधा काट लें।

३. एक गहरे कैसरोल में घी एवं चावल मिलाकर, बिना ढंके, माइक्रोवेव में 'हाई' (१००%) पर दो मिनट तक पकायें। चलाएं। बिना ढंके माइक्रोवेव में 'हाई' (१००%) पर दो मिनट तक और पकायें।

४. जायफल पाउडर, हरी इलायची पाउडर, केसर, किशमिश और शक्कर मिलायें।

५. साढ़े तीन कप पानी एवं दूध डालकर एक बार चला लें।

६. ढक कर माइक्रोवेव में 'हाई' (१००%) पर पन्द्रह मिनट तक पकायें। पाँच मिनट तक वैसे ही रहने दें।

७. कटे काजू और बादाम से सजाएं। गर्मागर्म परोसें।

चॉकलेट टर्टल चीज़ केक

सामग्री

मिल्क चॉकलेट........................... २०० ग्राम
मक्खन .... ४ बड़े चम्मच
बिस्किट का चूरा .... १ १/४ कप
मिल्क पाउडर .... १/२ कप
बादाम .... ३/४ कप
क्रीम चीज़................................ ४५० ग्राम
शक्कर .... १/२ कप
वनीला ऐसेंस....................... १ छोटा चम्मच
अंडे २
दूध .... २ बड़े चम्मच

कैरेमल के लिये

शक्कर .... १/२ कप

विधि

१. एक नौ इंच व्यास वाले माइक्रोवेव काँच के केक पैन में मक्खन रखें। इसे माइक्रोवेव में 'हाई' (१००%) पर चालीस सेकेन्ड तक, या पिघलने तक गर्म करें। बिस्किट का चूरा मिलाएं और पैन की सतह पर थपथपा दें।

२. कैरेमल बनाने के लिये काँच के एक कटोरे में चार बड़े चम्मच पानी के साथ शक्कर डालें, बिना ढंके, माइक्रोवेव 'हाई' (१००%) पर तीन मिनट तक पकायें। इस कैरेमल में मिल्क पाउडर डालें। मिलाकर बिस्किट के चूरे पर डालें।

३. एक माइक्रोवेव डिश में बादाम को माइक्रोवेव 'हाई' (१००%) पर दो मिनट तक भूनें। एक बार पलटें। ठंडा होने दें। दस-बारह टुकड़ों को अलग रख दें और बचे हुए बादाम को बेलन की सहायता से हल्का सा तोड़ लें।

४. टूटे हुए बादाम को कैरेमल पर छिड़ककर हल्का सा दबा दें। रेफ्रिजेटर में रख दें। चॉकलेट कस लें।

५. काँच के एक बड़े माइक्रोवेव मिक्सिंग कटोरे में क्रीम चीज़ को चॉकलेट के आधी मात्रा में साथ रखें। बिना ढंके माइक्रोवेव में 'मीडियम' (५० %) पर तीन मिनट तक, या चीज़ के नरम होने और चॉकलेट के पिघलने तक पकायें। शक्कर और वनीला ऐसेंस डालकर इसे इलेक्ट्रिक बीटर से फेंट लें। अंडा डालकर फिर से फेंटें। मिश्रण को पैन में रखे कैरेमल के ऊपर डालें।

६. ढककर माइक्रोवेव में 'मीडियम' (७० %) पर दस मिनट तक पकाएं। इस दौरान दो बार घुमाएं। इसका मध्य भाग हल्के से हिलना चाहिए। ठंडा कर फ्रिज में रख दें।

७. एक माइक्रोवेव कटोरे में बची हुई चॉकलेट और दूध मिलायें। ढंककर माइक्रोवेव में 'हाई' (१००%) पर दो मिनट तक और चॉकलेट के घुलने तक पकायें, चलाए और चीज केक के ऊपर फैलाए। सबसे ऊपर बचे हुए भुने बादाम डालें ।

टिप्पणी

एसेम्बल्ड चीज़ केक को पहले से गर्म कनवेक्शन ओवन में एक सौ अस्सी डिग्री से. ग्रेड ताप पर चालीस मिनट तक बेक कर सकते हैं।

आयरिश कॉफी

सामग्री

आयरिश व्हिस्की (या आयरिश मिस्ट लिकर) .... ½ कप
इंसटेन्ट कॉफी पाउडर .... ३ छोटे चम्मच
शक्कर .... ४ छोटे चम्मच
हैवी क्रीम (ठंडी) .... ¼ कप

विधि

१. दो छोटे चम्मच शक्कर को चिल्ड क्रीम में मिलाकर झाग उठने तक फेंटें। एक तरफ रख दें।

२. एक गहरे माइक्रोवेव कटोरे में तीन कप पानी डालें। ढक कर 'हाई' (१००%) पर पाँच मिनट तक, या भाप निकलने तक उबालें। हटा लें, कॉफी पाउडर डालें और बची हुई दो छोटे चम्मच शक्कर मिलायें। चला कर घोल लें। धीरे से व्हिस्की या लिकर मिलायें।

३. कॉफी को चार लंबे ग्लासों में डालें, ऊपर से फेंटी हुई क्रीम डालें।

वेजीटेबल स्टॉक

सामग्री

प्याज	१ मध्यम आकार का	तेज पत्ता	१
गाजर	१/२ मध्यम आकार की	काली मिर्च	५ - ६
सेलेरी	२ -३ इंच की डंठल	लौंग	२ - ३
लहसुन	२ कलियां		

विधि

१. प्याज और गाजर धोकर स्लाइस कर लें। सेलेरी धोकर छोटे-छोटे टुकड़ों में काट लें। लहसुन छीलकर कूट लें।

२. एक गहरे माइक्रोवेव पैन में उपरोक्त सभी सामग्रियों और तेज पत्ता,काली मिर्च, लौंग डालें। इसमें पाँच कप पानी डालकर माइक्रोवेव में 'हाई' (१००%) पर आठ मिनट तक पकायें।

३. छान कर उपयोग करें।

चिकन स्टॉक

सामग्री

चिकन बोन्स	२०० ग्राम	काली मिर्च	६ - ७
प्याज	१ मध्यम आकार का	लौंग	५ - ६
गाजर	१ मध्यम आकार की	तेज पत्ता	१

विधि

१. गर्म पानी में बोन्स साफ करें, अतिरिक्त वसा अलग कर लें।

२. प्याज धोकर, छीलकर चौथाई टुकड़ों में काट लें। गाजर धोकर दो-तीन बड़े टुकड़ों में काट लें।

३. एक बड़े माइक्रोवेव कैसरोल में चिकन बोन्स को प्याज, गाजर, काली मिर्च, लौंग और तेज पत्ते के साथ रखकर दस कप पानी डालें, बिना ढके माइक्रोवेव में 'हाई' (१००%) पर पच्चीस मिनट तक, या इसके पक कर आधा हो जाने तक पकायें। छानकर उपयोग में लायें।

वाईट सॉस

सामग्री

मैदा	१ $^{१/२}$ बड़े चम्मच
मक्खन	२ बड़े चम्मच
प्याज	१ मध्यम आकार का
तेज पत्ता	१
लौंग	२
दूध	१ $^{१/२}$ कप
जायफल पाउडर	१ छोटी चुटकी
नमक	स्वादानुसार
कुटी हुई सफेद मिर्च	$^{१/४}$ छोटा चम्मच

विधि

१. प्याज छीलकर धो लें। इसपर तेज पत्ता लपेटकर, तेज पत्ते के दोनों किनारों को लौंग से खोंस दें। एक गहरे कटोरे में दूध रखें और इसमें प्याज रख कर माइक्रोवेव में 'हाई' (१००%) पर दो मिनट तक उबालें। प्याज निकालकर एक तरफ रख दें।

२. एक कैसरोल में मक्खन और मैदा लेकर माइक्रोवेव में 'हाई' (१००%) पर दो मिनट तक पकायें। बीच में एक बार चलाएं। दूध मिलाकर फिर से माइक्रोवेव में 'मीडियम' (७० %) पर पाँच मिनट तक पकायें। बीच में एक बार चलाएं। जायफल पाउडर, नमक और कुटी हुई सफेद मिर्च मिला कर चलाएं।

शेजुवाँ सॉस

सामग्री

साबुत लाल मिर्च २०
हरी मिर्च २
हरा प्याज ३
अदरक .... १ १/२ इंच का टुकड़ा
लहसुन .... १४ कलियां
सेलेरी .... २-३ इंच की डंठल
तेल .... १/४ कप
वेजीटेबल स्टॉक* या पानी .... १/४ कप
टमाटर केचप .... ५ बड़े चम्मच
नमक .... स्वादानुसार
शक्कर .... १ छोटा चम्मच
मोनो सोडियम ग्लुटामेट .... १ छोटा चम्मच
सिरका .... ३ छोटे चम्मच

विधि

१. लाल मिर्च के डंठल तोड़ लें। हरी मिर्च के डंठल निकालकर, धोकर, बारीक काट लें। हरे प्याज छीलकर, धोकर बारीक काट लें। इसकी कुछ हरी पत्तियाँ धोकर, बारीक काट लें। अदरक छीलकर, धोकर, कस लें। लहसुन छीलकर धो लें। लहसुन की दो कलियों को बारीक काट लें। सेलेरी की डंठल धोकर बारीक काट लें।

२. एक माइक्रोवेव कटोरे में एक कप पानी और लाल मिर्च डालें, ढककर माइक्रोवेव में 'हाई' (१००%) पर चार से पाँच मिनट तक पकायें।

३. लाल मिर्च और बची हुई लहसुन की कलियों को पीस लें।

४. एक माइक्रोवेव कटोरे में तेल डालकर, बिना ढके माइक्रोवेव में 'हाई' (१००%) पर दो मिनट तक पकायें। इस में कटा हुआ लहसुन, हरी मिर्च, कच्चा प्याज और कसा हुआ अदरक डालें। ढंक कर माइक्रोवेव में 'हाई' (१००%) पर दो से तीन मिनट तक पकायें।

५. लाल मिर्च और लहसुन का पेस्ट, वेजीटेबल स्टॉक या पानी, सेलेरी, टोमैटो केचप, नमक, शक्कर, मोनो सोडियम ग्लुटामेड डालें, चला कर अच्छे से मिलायें। ढककर, माइक्रोवेव में 'हाई' (१००%) पर दो से तीन मिनट तक पकायें।

६. सिरका और हरे प्याज की कटी हरी पत्तियों को मिलाएं, ढककर माइक्रोवेव में 'मीडियम' (७०%) पर एक मिनट तक पकायें।

७. ठंडा कर सुरक्षित इस्तेमाल करें या रख लें।

टिप्पणी
*वेजीटेबल स्टाक की विधि के लिए पृष्ठ १२४ देखें।

फिश स्टॉक

सामग्री

मछली की हड्डी, सिर, स्किन	२०० ग्राम	मशरूम	१ बड़े आकार का
प्याज	१ मध्यम आकार का	तेज पत्ता	१
सेलेरी	२-३ इंच की डंठल	काली मिर्च	४-६

विधि

१. मछली की हड्डी, सिर और स्किन को धो लें। प्याज छीलकर, धोकर, टुकड़ों में काट लें। सेलेरी को एक सेमी. के टुकड़ों में काट लें। मशरूम धोकर स्लाइस कर लें।

२. एक माइक्रोवेव कटोरे में पाँच कप पानी लेकर उसमें मछली की हड्डी, सिर और स्किन, कटे हुए प्याज के टुकड़े, मशरूम के टुकड़े, सेलेरी के टुकड़े, तेज पत्ता और काली मिर्च डालें, ढककर, माइक्रोवेव में 'हाई' (१००%) पर पाँच मिनट तक पकायें।

३. छानें और स्टॉक इस्तेमाल के लिए तैयार है।

सुझाव

फिश स्टॉक को फ्रिज में न रखें क्योंकि इसकी गंध दूसरे खाद्य पदार्थों को प्रभावित करेगी।